擇食

吃到自然瘦，邱錦伶明星級的養生法

邱錦伶／著

天王天后齊聲掛保證

蔡依林：好東西就要和好朋友分享

在不同階段的我總很幸運地可以遇見不同生活方式、想法的朋友，讓我學著改變。她就是其中一位！

她教會我如何善待身體，如何認識自己，與身體做朋友，給予自己正面能量。讓我在面對繁複的大量工作之餘，還能保持心情愉悅，一切都要歸功於她分享給我的「正確面對身體給予的訊息」的智慧。於是我知道累了不要逞強，情緒潰堤就不要悶住，學著用婉轉的語言，陳述、發洩。她不只是我的養生老師，更是我的心靈導師。

她無私地分享她的知識給我，秉持著「好東西要和好朋友分享」的原則，是驅動我出《養瘦》這本書的最大原因。

現在老師又把更多更詳細的知識放在這本書裡頭，我也和大家一樣再度受惠一次，也將省去平日我給老師的簡訊騷擾，問她一堆雞毛蒜皮的事情或重複的問題，哈哈。因為一切答案都在書中了！

最後希望大家都朝著健康的身心靈邁進。

邱老師我愛妳，祝妳新書大賣大賣！

jolin

舒淇：一起過「人」的生活

看完這本書，我完全明白了何謂「病從口入、禍從口出」這句話的「寒意」了，是直接讓我由心的冷了起來，手臂上的雞皮怎麼搓也消不了，穿得再多衣服也暖不了的「寒」啊！

身為現代人的我們，在緊張的社會大學裡，繁忙的工作壓力重重地壓著我們的肉體，讓我們自己都忘記了拼搏的目的是什麼？流血流汗的，到底又是為了什麼而活？每天睜眼就趕緊梳洗出門，十多個小時後又拖著一個疲憊的肉身返家。來不及想這樣的疲憊，除了造成工作壓力之外還有什麼嗎?!

身為人其實就應該要好好過人的生活，將自己的時間好好運用，怎麼紓解壓力，怎麼淨化自己，怎麼讓自己身體健康，怎麼讓心裡喜樂，其實是一門複雜卻又簡單的學問。

認識了邱老師不只是讓我瞭解了怎麼吃，還讓我深入地瞭解了我自己的身體，自己的身體是騙不了你自己的，如果你對自己有更多的理想、更高的夢想，首要條件就是，要好好地聆聽自己身體的聲音，好好地照顧它，讓它可以好好地陪伴著你，健康快樂的一起尋夢去！

舒淇

朱孝天：為你打開健康之窗

我一直覺得人生就像是一場拼圖遊戲，拼湊著生老病死，悲歡離合。而在人生旅途中會遇到的人事物往往擁有著最關鍵的那一塊。對我來說遇見邱老師就是這種情況。

自我有記憶以來，日子就是在病與痛中徘徊渡過的。從中醫看到西醫，從排毒療程到民俗療法，能試的我都試遍了，身體的狀況卻還是時好時壞。進入演藝圈後更因為長期處在繁忙的工作與强大的壓力下，身心靈都出現了極大的問題。

於是我開始努力鍛鍊自己，卻只是稍有一些作用，身體始終不見好轉。就在我心灰意冷，準備要放棄的時候，因為一個機緣巧合找到了邱老師，做了一些關於飲食營養方面的諮詢。本以為對飲食之道已有相當瞭解的我頓時之間進入了一個新的領域。

我衷心地希望邱老師的這本書也能幫你開啓一扇窗，讓你在追求健康感到無助的時候，可以找到希望。

朱孝天

這不只是一本書，這是一份愛

錦伶要出書了！記得在少少見面的次數裡，總是催促著她，趕快出書，把好的觀念傳播出去，多幫幫普羅大衆。現在，她在百忙中真的當一回事，恭恭敬敬地認真寫書，還把中間的篇章先傳給我，請我「指教」，其實是附加讓我寫一些序言，哈哈，始作俑者不就是我，當然一句不吭地問「何時交稿啊？」

看到錦伶的序章時，一向不易掉淚的我，突然心有所感了起來。看到她在職場上的拚搏，忘了自己身體的存在……反思自己……我們對自己的身體真的很壞，一幕一幕就像是我自己的生活寫照。

就如同那句老話說的：「四十歲以前，你折磨你的身體；四十歲以後，就該你的身體折磨你了。」以前老把這句話放嘴邊，但也僅「嘴邊」，因為對工作龜毛的我，沒做到心裡想做的就渾身不舒服，這個好強的個性，直到一天突然站不起來，才警覺到身體真的「不同意」你再這麼操它了。

腰間盤突出，大家都說不會好了，最好的情況就是維持「現狀」……在北京醫生的巧手＋電療＋紅外線的長時間治療下，終於可以出門了，但是天氣一冷或是又太忙的時候，站起來可能就需要三～五分鐘，此事一直折磨著我……尤其跟客戶約開會的時候，更是覺得「丟人」，深怕老化的我會讓合作方覺得這是一個老化的公司。

有次跟好友蔣先生聊天，他說有一個養生老師很厲害，可以調理身體，但是你要先準備好，見面時，所有所有的一切都要和盤托出，如果有隱瞞她不會要見的……我心裡想：「怎麼比我還龜毛，而且似乎很『大牌』……」所以我只留

了電話號碼就放一邊了。

直到春天，我的生日來臨，上海的春寒是料峭的，本跟朋友約了去杭州走走，結果——我又趴在床上動不了了，不知為何，這時錦伶的名字突然跳到眼前，就想著：「錦伶這麼大牌，還是先約時間吧，下次回去真該看了……」結果電話一響，迅速約了回台見面時間，這時候，她突然問我，「有甚麼事情需要我緊急幫你處理嗎？」我真的驚訝了！是我聲音有痛苦嗎，還是？她問我答，然後她立刻給了我如何處理的指示，然後「我站起來」去杭州玩了！

這件事，堅定地讓我一定在壅塞的時間表裡排出時間來見錦伶。第一次見面，談了近七個小時，我相信，她現在是全天下最瞭解我身體的人了，哈哈……

至此，雖然她才大我兩歲，而且在自己專業的保養下，有三十歲女人的肌膚，但每次見面我依然恭稱她「邱老師」。

錦伶在做case時，除了鉅細靡遺地詢問你生活的狀態，最重要的是，她一定要把你內心深處最不願意承認，甚至是刻意遺忘的心情挖掘出來，這是一個很難忍的階段，這時候就清楚明瞭何謂「所有所有的一切都要和盤托出」。

剛做完諮商時在想：每天吃規定的營養餐，人生還有甚麼樂趣？尤其像我這種自恃吃不胖的體質，永遠用食物來補償辛苦工作的……但在乖乖吃了錦伶與眾不同的食譜之後，其實還蠻好吃的，而且也不用放棄我愛吃的豬腳，真是與眾不同的食譜啊。

我的手變溫暖了，配合著瑜珈，腰疼也沒犯了，排泄也順暢「漂亮」了……可惜我年紀太大，沒機會讓錦伶展現她調理女性受孕、懷孕、坐月子的功力，但我看了別的case，不用錦伶說甚麼，眼見為憑，真的懷了、生了，身材還恢復地極好，只能說相見恨晚哪！哈哈！

總之，錦伶是我的九一一（註：等同台灣的一一九），不論在哪裡，身體有狀況就騷擾她，她總會先罵幾句我的不是，就開始交代如何處理，現在更好了，要出書了，各位排不上諮商的廣大群衆，至少可以藉由書先瞭解自己的身體做基本的維護。

期待這本書，可以把錦伶帶到大江南北，開講座課程，讓普羅老百姓有機會接觸到好的知識，多愛自己、愛身邊的朋友、家人，所以，這不只是一本書，這是一份愛，讓我們把愛傳播出去。

資深音樂經理人　黃偉菁

CONTENTS

目錄

推薦序　天王天后齊聲掛保證

第一章（自序）　浪學之前：人生的紅燈右轉

第二章　浪學醫理世界

第三章　浪學下一站：身心靈的探索之路

第四章　我的養生心得：擇食而活

第一章（自序）

浪學之前：人生的紅燈右轉

從天堂到地獄的人生波折

我是波妞嗎？在歷經手術之後，我看著自己萎縮成如同雞爪的手，納悶地想著，我是宮崎駿動畫卡通裡的波妞嗎？我要變回原形了嗎？

一場大手術改變了我的人生，躺在病床上的我，面對的是面目全非，不聽使喚的身體，老天爺不問青紅皂白，就在前方設了紅燈，不准我再往前走，就好像從此將我的人生切割為「手術前」、「手術後」。這個Before and After的差別，巨大到我都不相信我自己能夠走過來。

手術前，我一直滿意自己在職場上的表現。我擔任飾品公司的設計總監，公司旗下的上、下游共有五家衛星工廠，我付出很大的代價，但多勞多得，對我而言，權力、地位及伴隨而來的金錢，代表我的存在價值，值得我忽略健康、忽略生活去追求。

在我二十八歲的時候，公司從一家廠擴大到五家廠，我一個人要設計出足以養五家廠的商品，因此很年輕我就處在「一人之下，衆人之上」的位置，老闆不在的時候我最大，老闆為了怕我跑，給我做為一個夥計所能有的最高禮遇：不想在公司畫設計圖？沒關係，在家畫，交得出來就好；每年去歐洲看秀、充電、還能有私人逛街血拼行程由公司買單，所以我甘願每天不睡覺地畫圖。朋友形容這是用命來換錢，我不能說這完全正確，但也沒有什麼好置喙的，畢竟滿足身外之物的慾望可以填補心靈上的缺乏，藉以證明我的存在價值。

十年下來，老天爺開始讓我的健康閃黃燈了，但我仍不自知。到了三十八歲時，身體已經差到一天到晚感冒，一感冒就不容易好，常常覺得自己缺氧，容易疲倦，這些身體狀況使得我每天不想做事，只想懶洋洋地躺著，常常失眠，躺在床上三、四個小時也睡不著，腦袋停不下來，靈感來了，就半夜爬起來畫設計圖，人生和工作都已經有了慣性，即便知道是壞習慣也改不掉。

已經習慣持續感冒的我，始終覺得感冒只是小病，不需要在意，更何況從小身體就不好，五歲的時候就得過肝炎，一個不健康的身體跟隨我近四十年，早就習慣了，一點小病小痛就呼天搶地絕對不是我的風格。

為愛美而放棄健康

有次感冒回父母家，母親對我「忍病」的行為實在看不下去，硬把我拖到醫院檢查。醫生一看就直斷我貧血很嚴重，問我是不是動不動就昏倒？我得意地告訴他，這一輩子還沒昏倒過，但抽血檢查的報告無疑給自己賞了一個耳光，正常人血紅素正常範圍值是十二～十五，我只有四，一般人數值低於七通常就會一天到晚昏倒休克了。

「我最怕碰到像你這種病人，意志力太堅强，身體靠著意志力在撐，這種人最容易暴斃」，醫師說看了報告，我除了貧血嚴重外，還是地中海型貧血基因的危險群，加以每個月生理期都大失血，最好去婦科做檢查，以保萬一。

婦科醫生果然發現子宮長了一顆大肌瘤，且大如拳頭，另外還有兩顆大小約三公分左右的肌瘤，若不開刀取出，每個月大量失血，長此以往會造成嚴重的後果，如：惡性貧血、心臟衰弱、突發性休克等導致暴斃。

聽了醫生的分析，我仍鐵齒地拒絕開刀，而且理由現在想來都好笑：「開刀？那我的肚子上不是就會有一條疤，那多醜呀，我不要！」醫生面對我因愛美而任性的態度，卻展現出無比的耐性，想方設法幫我解決：「妳放心，我只打四個很小的洞進去把瘤弄碎取出，不會留下太大的疤。」

有了醫生的「不會變醜」保證，我終於點頭答應動手術，但也就是這項手術，讓我的人生面臨到老天爺給的人生紅綠燈。

打了麻醉藥的人，是不會知道究竟手術中發生過什麼事情的，我只知道當我醒來時，麻醉前的人生彷佛只是看過的一場電影，電影散場，燈光變亮，我才發現在真實的人生裡，右手癱瘓了，我不再是在工作上呼風喚雨，事事都能掌握的女強人，不論我多希望惡夢會醒來、電影會演完，終究不得不面對這就是我的命運。

醫生判斷可能造成的原因是麻醉時間過長，壓迫到橈神經，造成右手蜷縮癱瘓，我跟所有的普通人一樣，憤怒、質疑、沮喪、悲傷……許多朋友都力勸我控告醫院和醫生，要求賠償，因為這很明顯是醫療疏失，**雖然這一切似乎很值得怨天尤人，但我竟然一點也不想控告任何人**。

替我動手術的醫生說明手術時間過長的原因，是因為內視鏡手術原本是要用機器搗碎肌瘤後吸出來，但沒想到機器運作到一半壞了無法搗碎，醫師只能用顯微剪刀進去將瘤一點一點剪開來，再一點一點取出，才導致手術時間過長。

子宮肌瘤開刀正常程序通常是兩個半小時，我卻從下午三點開到晚上八點，整整多花一倍時間，其實手術前我們都有簽同意書，如有重大原因需要改成一般切除術時，他們是可以直接動刀的，主刀醫師大可在我肚子上畫一刀把瘤取出，可以少費很多時間和力氣，但因為手術前我對於愛美的任性要求，使得他顧慮會在肚子上留下我在意的疤痕，寧可採取較費時費事的方法來動手術，我怎麼忍心告他呢？

正念帶給我的力量

有此「善念」浮上心頭，讓我自己都非常驚訝，我從不認為自己是個善良的人，我的性格是嚴厲的，不容許自己犯錯，也不容許別人犯錯，甚至可能會為了達到目的而不擇手段，當大多數的人都勸我要告醫師取得賠償，我卻不想傷害任何人，**這突如其來的「正念」把我自己給嚇了一跳，我看著自己癱瘓的右手隱約覺得，老天雖然讓我的人生亮起紅燈，卻彷彿不知不覺中告訴我該「紅燈右轉」**，或許，我該換個方向走走也說不定。

但復原之初，「正念」並無法給我任何幫助，我仍恐懼是否永遠都會是殘廢？而一直靠設計維生的我，要如何再畫出設計圖、打樣？不要說是畫設計圖了，就連用手拿筷子進食這麼簡單的動作都成了問題，未來的人生該怎麼走，實在讓我茫然不知所措。

沒人能保證我的右手能完全復原，於是我同時接受醫院安排的電療復健方式，也去看了中醫，中醫師也沒碰過類似狀況，但他把完脈覺得我的氣是瘀滯不通的，全身的循環都有問題，因此建議先一邊幫我調身體，一邊幫我通氣，試試看結果會如何，當然和西醫相同，他也無法掛保證能治得好。

中醫師建議我三天針灸、三天電療，在手術後的第十天我就開始中、西醫並進的方式復健，療程的頭一個月完全沒起色，連中醫師都一度想放棄，同時還勸我應該告醫院爭取賠償，因為每一次針灸都要不少錢，健保還不給付，要我評估是否放棄治療。說實話，我並不期望自己真的能百分之百復原，但起碼得盡到努力，抱持著這樣的信念，我告訴醫生我不想放棄。

在復健過程裡，我體會到人生真是太公平了，我從小就害怕看醫生，更別說是打針，因為針灸，我成天全身插滿針，把我人生中本來該打的針一次補足。除此之外，復健師要我在家裡練習用右手將一顆顆薏仁，從這個碗裡拿到那個碗裡，這對於一般人而言簡單的動作，我拿不到幾顆就汗如雨下，坐在對面看護的母親則是淚如雨下，她認為我的人生應該就這樣完蛋了。但我卻堅持從薏仁練習到紅豆，再從紅豆練習到綠豆，然後把一顆小球放在手心裡練習握力，日復一日。

三個月後，我的手毫無預兆地復原了，而且是百分之百地復原，沒留下任何後遺症，老天爺好像跟我開了個大玩笑，吃了一頓苦頭之後面對重新亮綠燈的人生，只是這回在紅綠燈前，我猶豫了，我要回去重操舊業，過以前熟悉的日子？還是停下腳步，多想想，人生還有沒有其他的可能？

為愛習醫

還來不及考慮是否該重回職場，在我手痊癒的同時，父親開始生病，老人家原本就長期排便不順，有天開始水腫，整個肚子腫脹起來疼痛難挨，送醫院後醫生判斷為腹膜炎造成腹部積水，卻找不到造成腹膜炎的原因，因此決定先抽水，抽完水後回家，沒幾天又開始積水、又送醫院抽水，從此開始惡性循環。

直到病況惡化並轉變成肺積水，醫院還是找不到原因，胸腔科權威竟診斷為非開放性的肺結核，導致父親不斷進出醫院，抽完水出院、積水再住院，最後轉成心臟積水，才從心包膜的積水裡驗出是肺腺癌。

我後來學了中醫才知道：肺和大腸互為表裡、心臟跟小腸互為表裡，西醫檢查不到的，其實從中醫的思路去想就很清楚。父親從看直腸科到後來看內科、胸腔科、心臟科，最後才驗出來肺腺癌，一路折騰，錯失最好的治療機會，一個半月後父親就走了。

父親一直最疼我，因為我們父女倆個性最像，在他最後的日子裡，我發了瘋地讀跟他的病有關的書籍資料，希望能幫父親做點什麼，無奈父親等不了我，走得太早。父親臨走前還在為我操心，他擔心我脫離職場太久，擔心我沒人照顧，未來生計堪慮。

就在我為父親病況擔憂，全力攻讀醫書，卻又不得其門而入之際，正好北京同仁堂的台灣總代理即將在台北開店，並在台徵人，頓時，老天爺那「紅燈右轉」的燈號似乎又亮了起來，學醫的念頭在我心中蠢蠢欲動。

從小我對中藥的氣味就有種莫名地喜愛，小時候作文寫「我的志願」時，甚至立志要當中藥店的老闆娘，若能去中藥材界首屈一指的同仁堂工作，或許能為我的學醫之路開一扇窗。在投了履歷、經歷同仁堂三次面試之後，錄取了。在進入同仁堂後，我從中醫基礎理論、中醫診斷學、中藥的藥材學、珍貴藥材的鑑定等開始學起，正式開始我的中醫「浪學」之路。

第二章

浪學醫理世界

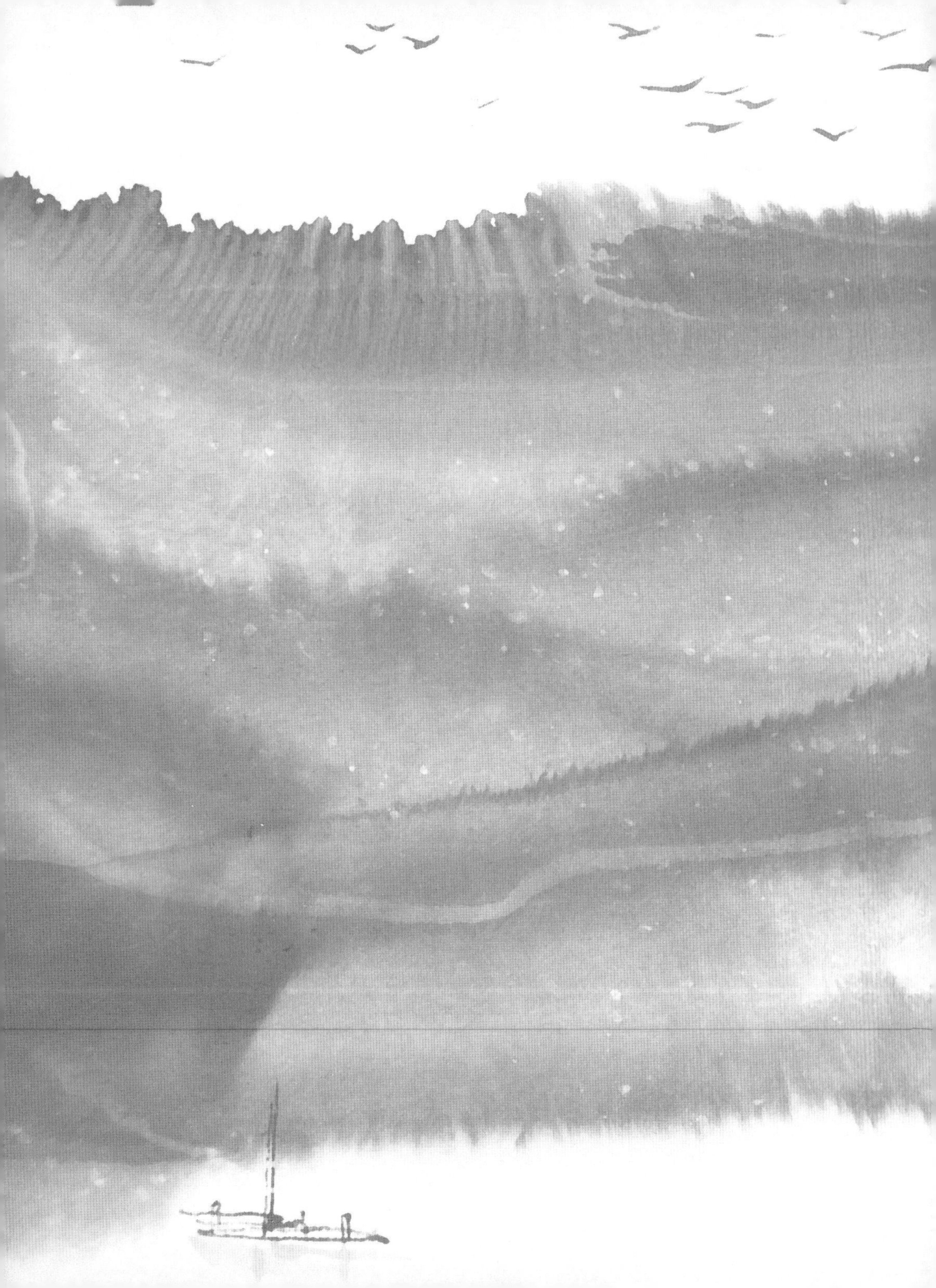

北京同仁堂初窺養生之道

「天下沒有不死之藥，只有養生之道！」

這句話是在學醫過程中，曾在老典籍上看到，深得我心，也影響我日後專攻醫食同源，立志從食物中找到養生方法。

學習醫理與養生之道，同仁堂是我的第一站，這招牌有三百多年歷史，無人不知曉，當時同仁堂剛準備在台灣設店，不但許多台灣中醫藥界的同行等著看好戲，法律限制也不允許同仁堂進行醫療行為，於是台灣的總代理想出對應的竅門，將經營重點放在養生上，給予上門的顧客養生建議，並販售同仁堂引以為傲的頂級藥材。

我從小對中藥的氣味有著莫名地喜愛，只要空氣裡瀰漫藥草的香氣，我就會覺得有安全感，中藥櫃那一格一格的小抽屜，每拉開都是一個驚喜，能夠進到同仁堂工作，對我而言有點不太真實，在我一路順遂的前半生裡，根本無法預料人生下半場會有這樣的峰迴路轉。

我在同仁堂的工作是諮商師，簡單來說，就是評估客戶的狀態，給予客戶購買同仁堂商品的專業建議，很慶幸我醫理浪學的第一站是落在同仁堂，三百多年的大器，很快地教會我做為一位養生諮商師該具備的基本態度。

同仁堂從不要求諮商師誇大養生效果，相反的要我們講出來的話越保守越好，要對自己說出的話百分之百負責。事後從實際經驗中體認，諮商的對象所尋求和期望的結果往往不夠實際，大多數人渴望在最短的時間內得到最好的效果，人性渴望付出最少來換取最多，因此可想而知達成的效果往往與期待有所落差。所以我們寧可選擇保守的說法，不要造成顧客錯誤的期望。

與頂級藥材對話

北京同仁堂有三百多年的歷史背景，在雍正年間即為清宮御藥房供應。我在同仁堂期間，對一項藥材特別有興趣，也花了極大的功夫鑽研，就是「參」！

原因很簡單，野山參等於是同仁堂的招牌。長白山是清朝皇室認定的龍脈所在，列為禁地，而這個禁令同時也保護了長白山的自然生態數百年不受人為破壞。長白山頂實際上是一個相當寬闊的環形火山口，火山口中心即為天池，整座山涵蓋的範圍，最高海拔高達2,750公尺，整個環境就是高等野山參生長最好的條件，而御藥供應的歷史背景，同時也是中醫藥最大的國營企業，使得北京同仁堂的野山參不僅是招牌，更是珍貴的主要藥材。

台北旗艦店設立後，既然得以養生為主要訴求，高級野山參自然成為首推的養生藥材。幸運的我，竟然被台北的北京同仁堂任派為專門管理和操作野山參的人。

為識參吃素

為了認識野山參我花費不少時間，甚至為了能夠深刻地感受野山參的靈氣而吃過三個月的全素，但所有的付出讓我覺得非常有價值。

要知道，野山參的生長是很艱難的，同時要配合生長在原地不動至少三十年，種子的散播必須要是自然的風、蟲、鳥、獸經過或播種，內地出版的《中華人民共和國藥典》中即記載其條件為：野參山生，昔稱野山參，純野山林下自然生長的人參。東北人習慣稱為純貨。

當時同仁堂為了讓我「識參」，從北京帶來一本《野山參經驗鑑別》，這是一本系統化深入介紹野山參的書，我拿到後如獲至寶，這種第一手資料，連到圖書館都找不到，當下隨即奉為經典，苦讀一番。

至今仍常有人問我野山參有幾種？這個答案簡單到你無法相信，從古至今野山參只有真的和假的兩種；也就是純貨和趴貨兩種。

真品純貨指的是真正來自野外山林生長，在原始深山老林中自然分佈、自然繁衍、自然生長至少三十年以上的人參。種子必須是憑藉自然的風、水、鳥、獸傳播，任其在荒野環境中自然生長，沒有任何人工行為。野山參的成長環境非常嚴格，要有一個喬、灌、草、籐兼備的植物體系伴生，氣候需經酷寒，且需生長至少三十年不能被人移動、管理。因此野山參的特性為「野」和「老」，有多老？你知道高麗參通常為六年生，即為好的等級，但是三十年生的野山參還只是小參，大概只能長到小指般大小，這兩者之間的差距可想而知。

一支野山參的成長，分為前期、中期與後期，頭幾年因為養分大多要供予根、莖，有時還會呈現負成長的狀況，不宜取用；中期為三十到一百年的參，每一年頂多增重一公克；後期就是超過一百年以上。野山參跟人一樣會衰老，所以不是越老越好，最好的選擇還是三十到一百年的中期參。

近代透過衛星研究全球地質才發現，長白山正是全球富含微量元素最高的地區之一，也難怪長白山的野山參多年來流傳、甚至被神化有起死回生的藥效。

研究人參初嚐醫理趣味

在同仁堂時我手上要管理六十支人參，當時最便宜的三十年野山小參就要八千元左右，現在已經漲到一萬三千多元了。而最貴的要價四十多萬元，同仁堂把價值數百萬的野山參交給我，讓我頓覺責任重大，也因此更拚了命地鑽研，想徹底搞清楚人參的祕密。

要賣正牌貨就得懂假貨，野山參生長過程高規格限制，使得產量越來越少，趴貨（趴貨指的就是贋品）也跟著越來越多。我除了對野山參要有深入的瞭解之外，也要學會如何分等級及辨識趴貨。

我有很多企業界的學生，身家豐厚，想用人參來固本培元，卻又怕買到假貨或次級貨，經常要我推薦或代為辨別，簡單來說，鑑別一支參必須符合：蘆美、艼美、體美、紋美、鬚美的條件，如果一支野山參能符合這五形之美，就可以說是人間極品。

野山參的形態由蘆、艼、體、紋、鬚所組成。蘆是指野山參的根莖、艼指野山參的不定根、體是指主根和皮、鬚指鬚根和珍珠點，紋則是指野山參主根上的橫紋。野山參至少要等三十年才能採，要是在成長的過程，被不知好歹的老鼠咬上一口，就等於全毀了，因此有些採參人會把小支野山參移到安全的地方後重新種植。另一種是被野獸動過，或將一般參挑選體形美觀者，經人工整形後，栽於較低海拔的山林之中，任其自然生長十到二十年後挖出充當野山參。還有種於參園內，在人工精心培育下生長發育，一般育苗兩、三年，再移栽個三、四年，六年後就可以採收，經接枝後冒充為野山參。

在辨識真假的時候，可以觀察蘆頭，如果在生長過程中被移動過，蘆碗就會轉向；另外還可以從鬚去觀察，照理說野山參在土裡面鬚會前後左右的長，趴貨因為在長的過程中被拿出來，然後另外挖坑再埋進去時，呈45度斜角躺進去，再蓋上土，鬚就會變成只有兩邊長。

見識頂級藥材開眼界

在北京同仁堂除了我鍾愛的野山參之外，當然也接觸了各種頂級藥材，像是冬蟲夏草，這也是眾所皆知的頂級藥材。據傳遠自三國時期，東吳都督周瑜率軍駐紮柴桑，他的妻子小喬曾用冬蟲夏草、澤蘭燉白鴨，給周瑜滋補。就因使用在養生上淵遠流長，好檔次的中藥鋪沒有不賣此物，但真與假、好與壞，則又是一門學問，黑心藥鋪靠蟲草賺取暴利者，所在多有。

其實冬蟲夏草是麥角真菌孢子，侵入蝙蝠蛾幼蟲，萌發生成菌絲體後蔓延蟲體，這個蟲體就是冬蟲。到了春夏氣候溫暖，蟲體內菌絲開始發育，從頭部長出子實體，形狀像草一樣，所以被稱為冬蟲夏草。

當然在同仁堂我也習得品質鑑別之道，簡單來說，以蟲體色澤黃亮、豐滿肥大、菌座短小、斷面黃白色者為佳。市場上，依照不同品的品質將冬蟲夏草分為王中王級、特級和一級等不同的規格。西藏蟲草以每公斤一千七百頭者稱之為王中王級、兩千五百頭者稱為特級、四千頭者則是一般級。

我常經手的高級藥材還有雪蛤，其實就是中國吉林所產的中國林蛙，這種蛤蟆在冬天會潛入雪地下或冰川河底冬眠長達五個月，因牠比較耐寒，故稱為「雪蛤」，其中尤以長白山雪蛤最為名貴，其原理為取用雌蛙的生殖器官，因為成熟的雌蛙富含豐富的荷爾蒙，以便來年春季交配後產卵之用。《本草圖經》中記載：主小兒及疳疾等最良，其實雪蛤對養顏美容的效果是非常好的喔（但是因為富含動物性荷爾蒙，有婦科腫瘤的朋友不建議食用）。

在同仁堂，我有機會接觸、看到、認識、並且實際瞭解許多頂級的藥材，深厚的歷史與中醫學深深吸引了我，如何辨別、使用最高、最特等的一些藥材，這些訓練讓我開了眼界、見了世面。

雜學中醫：藥鋪中的臨床驗證

同仁堂台北店的總經理，特別在店裡開闢了兩個大書櫃，裡面擺滿了從中國大陸引進的中醫藥書籍、藥膳食譜，這些書雖是對外販售，但只要店裡沒有客人就可以拿來看，而且每半年就會補充一次新書，簡直就像小小的中醫圖書館。

當時簡體字的書在台灣不多，台灣很少能看到這些紮實的中醫典籍，正對中藥一頭熱的我來說簡直如入寶殿，只要店裡沒客人，就形同我的「自修時間」。我常跟朋友說，要進入醫理世界不難，只要拿出當年準備聯考的精神，死K活記，一段時間後必定小有所成，但**難在將所學醫理融會貫通，並推演出可供實踐的養生法**，這就必須通過堅定不移地不斷實踐與驗證，沒有半點取巧捷徑可走。

在同仁堂每天爭取空檔讀書，我除了睡覺以外，時間都花在研讀上，並且樂此不疲，和藥材相關的「藥典書」因為和本職學能有關，我看得最勤，我記得當時有本掌上型的《常用中藥精粹便讀》[註1]，因為尺寸輕薄短小便於攜帶，方便我每天狂K猛記。另外，《中醫藥應考必讀》這本書將中醫藥經過整理，也如同參考書一樣，非常好用、易讀。再進階就看《現代實用中藥學》，踏上認識中藥材之路，這三本是不可多得的好書。

記得初入醫道，有幾本書讓我獲益良多，像是北京中醫藥大學的教材《中醫診斷學》及《中醫基礎理論》[註2]，初涉醫理必從望聞問切學起，這本書是很好的開端，在同仁堂做養生諮商，雖然不能把脈，但仍須根據望、聞、問的技巧，來接待上門的客人，詳細觀察、詢問他們的身體狀態，進而給予適當的建議，等於是讓我每天有實際操作的機會，給客戶具體的建議，並觀察他們之後的成效，這種接近臨床的醫理實踐，給我很大的滿足感。

我常說中醫的「望、聞、問、切」，切為末，但現今中醫看診，都先把脈，彷彿不把脈，就看不出個端倪。**其實透過望聞問，就可以瞭解到病人百分之八十的狀況，把脈只是**

透過脈象做最後的確認。同仁堂被限制不能把脈（屬醫療行為），但也因此讓我特別重視望聞問，很多找我諮商學習養生的case都懷疑我是否通靈，不過聊了個把小時，全身上下的毛病，甚至包含家裡的問題都猜得絲嚴縫密，其實，這才是問診的「正道」！

書看得多，就會想找其他的書來互相印證，很快的就從「藥典」跨到「藥理」，像是現在還有印象的《常見症的中醫治診調治》[註3]，裡面有簡單的自診方法、辯證要點及治療方法，看完一段內容後我就會假設一個案例，跟店裡其他的同事一起討論、切磋。當時同仁堂有一位北京中醫藥大學畢業的藥師駐店，就成了最常被我諮詢請益的對象。

追尋中西醫共通的變數

即便同仁堂讓我有初入醫道的快感，但每日讀書實踐之餘，總有一些想不通的問題困擾著我。

最常見的狀況是，醫書中古老的藥方，書裡說這方子是針對何種病症使用，並可以起到何等作用，但若照著藥方使用，會發現實際上的效果是有限的，沒辦法把狀況完全調整好，只能改善卻很難百分之百的根除病根，或一段時間又再復發。這讓我不禁想起，不論是我或父親生病的時候，不論中、西醫，我們都認為只能靠正統的醫療，把身體交給醫生，他們就會修好還給我們，但有時連原因都查不出來，更遑論治癒，讓我懷疑人體當中，是不是有一種正統醫療無法達到的「變數」？當時我的見識還不足以知道這「變數」到底是什麼，但我始終認為它是存在的，而我想要追尋這個答案。

這些問題在我心中起了很大的疑問，醫書之外，感覺有很大一塊天地等著我去探索、吸收，並加以融會貫通，我相信解開養生之道祕方的鑰匙，在某個地方等著我去取。而在此同時，同仁堂也因為經營權的轉移，後繼經營管理者的理念和我一心追尋醫理的理想出現落差，工作起來也不再那麼快樂，種種客觀因素，讓我決心離開同仁堂這張大傘，重新尋回自己對探索醫理的熱情與感動。事過境遷，現在台北的北京同仁堂經營權又再度回到當初給予我滋養與栽培的經營團隊手中，我還常三不五時「回娘家」，如同當年一般跟他們討論養生心得呢。

老狗偏玩新把戲的中藥鋪浪學

從自己生了一場大病，到父親過世、同仁堂的歷練，我對人生的無常已經瞭然，奮鬥多年的親情、事業、財富都有可能一夜間化為烏有，人生的無常非人力所能妄求改變，我的人生觀也從「求」到「無所求」，我的生活需求變得極其簡單，只要有一份工作可以餬口，並讓我持續追尋醫理，已經足夠。因緣際會，因為對古老事物的喜好，我到一家骨董店做銷售工作，同時自習養生不同門派。

也許是念力堅强，一天我去迪化街幫骨董店老闆娘買雪蛤，意外踏進有三十多年歷史的漢補世家中藥店，我跟老闆從雪蛤聊起，天南地北分享我在同仁堂習得的養生心得，以及自身對於醫理的看法，兩人聊得非常投緣，都覺得彼此可以從對方身上學習不足之處。

一家能夠開三十多年的中藥店，代表消費者對店家賦予的信任與情感，這背後的意義，簡單來說就是店家處理和保存藥材的堅持態度。中藥材的處理和保存方法是否認真、謹慎，對藥效差別很大，老師傅三十多年的經驗，始終如一的堅持，讓我對藥材與藥性的認識，達到另外一層境界。

漢補的老闆希望將傳統的中藥店轉型，重新與現代人的養生結合，因為聽到同仁堂給我的訓練是能夠用現代的銷售方式來賣古老的東西，因此他提議我可以把新的觀念帶進去，反之，我能夠在那裡學到關於中藥和藥材的經營手法、藥鋪如何照顧這些藥材。我又回到工作與興趣相結合的正道上。

進了中藥鋪後才發現，跟同仁堂這種不論價格或客群都「高高在上」的藥店比起來，漢補世家「入世」得多，也因此我能夠大量接觸真正一般中醫經常使用的方劑與藥材，等於補齊了我在同仁堂學不到的那一塊，也讓我見識到一家好口碑的中藥鋪，必須如何孜孜不倦地，有如照顧孩子般地看顧藥材，才能創造數十年如一日的好品質。

對中藥鋪來說，藥材大約可分為四類：一般藥材、果實類藥材、含揮發油脂藥材，另外就是珍貴藥材。藥材的關鍵在藥力，要維持藥力，則必須以最好的方式保存，其中的工作浩繁，非外人所能想像，即便是最基本的一般藥材，入庫前要先以50度C低溫烘乾四小時候晾涼才入庫。一般藥材賣價不高，工序繁雜，藥鋪賺的真是「辛苦錢」。

貴重藥材雖然賣價高，卻也不好處理，像高麗參、西洋參等需放入5～8度C的冰箱，等要販售時才從冰箱取出。中國人鍾愛的補身聖品燕窩，則需以大風扇快速吹乾，以防燕窩變色，乾燥後放入5～8度C的冰箱。燕窩是容易發生霉變的「嬌客」，一旦產生紅斑就無法挽回，只能銷毀，所以伺候燕窩需要每天檢查，絲毫馬虎不得。

一家生意好的中藥鋪，工作量是非常驚人的，藥材廣博、方劑各異，一天八個小時的工作時間，就是不斷地走來走去或爬上爬下地抓藥，每天上百張的藥單跟流水線一般，抓完後會由大掌櫃做確認，確定藥都沒有抓錯，這樣的壓力著實不輕。我當時心想：「老狗學不了新把戲，但我這隻老狗四十歲後卻不停地在學新把戲。」雖然學新把戲的心情是很愉快的，但體力實在不勝負荷，我的自學時間也受到很大的影響，不得不在短暫的藥鋪生涯後，重新尋找符合我自學之路的工作。

食物過敏開啟「醫食同源」之鑰

離開漢補之後，我應徵「廖叔叔健康屋」的工作，不久之後獲得面談的機會。在面試的過程中，我發現廖叔叔推廣「食物過敏」的學理，讓我有當頭棒喝的感覺，我恍然領悟了從同仁堂習醫以來，一路跌跌撞撞卻遍尋無門的「變數」，有可能就藏在這裡，因此我二話不說，馬上上班。

「廖叔叔」本身是念食品營養相關科系，因為自己從小身體不好，常常生病，有一次他生了場大病住院，整個禮拜無法進食，只能靠打點滴補充身體所需，但沒想到一個禮拜後，過敏的狀況反而減輕許多，引發他聯想到，是不是他的過敏，其實源自於食物。

廖叔叔跟我一樣，都是把自己當作臨床實驗、具體實踐的有心人，他開始記錄自己每天吃的東西，經過一段時間累積後研究出心得，原來某些過敏是因為某些食物引起的，藉由忌口食物來避免過敏的產生，他運用得越來越純熟，也建立起自己的一套理論，並開始幫助身邊的人。藉由幫助別人累積臨床實證，哪些食物是因為長期的吃、吃的量大，才導致過敏，或某些人的過敏可以因為忌口某些食物而得到改善，不斷擴大食物引起過敏的範圍，就可以證實自己觀察的結論。他除了幫助找出過敏的食物之外，也配合一些高蛋白等保健食品，這確實使得被調整的人健康情況好轉，也因此事業經營得越來越好。

我進入廖叔叔健康屋工作後，更加認定長久以來一直尋找那個影響中、西醫療效的「變數」，就是食物。我將廖叔叔的食物過敏理論，跟自學的中醫理論互相驗證，並且用我自己的身體來做實驗，發現效果之好超乎想像，而我若保持忌口一段時間，之前的不舒服狀況也能不再復發，此一結果讓我有如發現新大陸，非常興奮。

我在諮商的過程中不斷體認到，很多人的問題來自於「火」，就是中醫的上火反應，對中醫來說處理「火」這件事非常簡單，透過望聞問切來得知病患上火的癥狀，配合食物過敏的反應，抓出需要忌口的食物，透過中醫調養讓身體自然的恢復功能，並以食物控制讓身體不再「發炎」（即上火），病痛的癥狀即可獲得有效的改善。

古人說「醫食同源」，我找到了兩者之間連結的鑰匙，當然躍躍欲試，像「紅豆蓮子茯苓湯」（參照第157頁）就是在此時想出。我記得在同仁堂期間讀到《神農本草》將所有的藥材分為下品、中品和上品，上品無毒，主養命，可久服；中品主治病，無毒或有毒，多為補養兼有攻治疾病之效；下品多有毒，不可久服，多為除寒熱、破積聚的藥物，主治病或外用。在這個學習的過程裡面，有一味藥材特別讓我有興趣的，就是茯苓。

會注意到茯苓，是因為小時候我很愛吃茯苓糕，有些典故說茯苓糕其實只是米做的，因為清朝反清復明時，被用來中間夾紙條當作傳遞訊息之用，所以「茯苓」和「復明」音似，故取名叫茯苓糕，不管茯苓糕究竟是不是用茯苓做的，對我來說都是童年的味覺記憶，因此我對它特別感興趣。

茯苓這味藥正屬於上品，久服可以健脾、安神、利水、滲溼，但茯苓要如何食用，可就讓我煞費苦心了，我曾經用茯苓來做發糕，結果並不理想，口感不好。當時我曾研究過紅豆「薏仁」蓮子湯，後來觀察到我的身體無法消受，因為薏仁太寒，使得身體女性分泌物增多。後來我想紅豆蓮子湯本來就很好吃，又有養生的效果，紅豆本身就有利水消腫的功效，而蓮子可補中養神，加上茯苓效果更可以加乘，何不三者交融，做成「紅豆蓮子茯苓湯」？

想法雖好，但大家都知道茯苓的口感並不好，有人說很像吃牆粉，我記得自己剛開始試的時候，先把茯苓掰成小片，然後跟紅豆蓮子一起下鍋煮，吃完第一碗我的嘴就破了，口腔黏膜和舌頭都被磨破了，而且茯苓吃起來幾乎嚼不動，如此即便再有療效，無法入口也是枉然啊。後來我才動念，應該是茯苓得先經過軟化處理，因此才試著將茯苓泡水，從泡一個小時、兩個小時，到泡四個小時，後來發現泡兩個小時效果最好，然後掰成小片和紅豆蓮子一起煮。

我開始把「紅豆蓮子茯苓湯」當成日常點心來吃，持續一個禮拜吃幾次，後來發現我整個人瘦了一大圈，同時臉頰也變窄，消水腫的效果驚人，之後我建議身邊的朋友吃，每個人都告訴我吃了以後消水腫的效果很好。

我的所有養生經驗，都類似紅豆蓮子茯苓湯，是自己活體實驗來的，當然也包含許多與朋友分享，這些朋友覺得有正面效果，自發成為我的實驗對象。

「紅豆茯苓蓮子湯」的成功給了我很大的啓發，我發現結合中藥材、食物過敏，消除人體因上火引發水腫反應的路子是走對了，中藥材取得方便容易，像茯苓這類的藥材非常便宜，成效卻如此卓著，不用花大錢就能達到同樣的目的，這樣的調養方式應該能夠造福更多的一般民眾。

很可惜的是，廖叔叔雖然也認知到上火反應對人體的影響，但在保健食品裡面，對於上火可以使用的東西和中醫的理論是非常不同的，因此他們希望我盡量不要談論中醫的理論，我想這也不能說他們不對，畢竟他們主推營養品，但我無法忍受自己的學習受到限制，只能選擇離開，堅持自己的研究。

我終於走上清晰的道路

從這時開始我好像武俠小說中說的「打通任督二脈」，從同仁堂開始對中醫醫理的學習，到廖叔叔的身上學習到藉由營養學攝取到對身體好的、正確的營養素，並且體認食物過敏對人體的重大影響，再將中醫、營養學、食物過敏三大元素加以融合，我頓時覺得空間寬廣了起來，針對養生的各種癥狀，都可以從這三者融會貫通處，找到解答，我興奮地發現，屬於我自己的養生之門，已經在不知不覺中打開。

在此同時，我不間斷地用自己做實驗，也開始幫助身邊許多朋友，以「食療」之法來實踐養生，我的養生法不教旁門左道，只教朋友正確的飲食觀念，避開上火食物，並攝取正確的營養素，看似老生常談，但朋友們驚奇地發現，實踐下來不但有效，而且是速效，這樣的成績讓我更加振奮，也讓我發下豪願，希望可以用這些整合出來的心得去幫助更多人活得更健康。

慢慢地，我的學生越來越多，其中也包含了不少知名的影劇圈天王天后，在他們的宣傳之下，找我諮商的學生越來越多，很多人覺得我很兇、很嚴格，那是因為我急，我看到一般人要把身體調好其實很容易，但心思太雜、干擾太多，往往和身體的需求反其道而行，到最後再仰賴對身體會有副作用的藥物，每每碰到這樣的學生，總是讓我沮喪不已。

找我諮商的案例五花八門，狀況也不一而足，這些案例的各種問題，以及我的諮商建議，在之後的章節裡我都會不藏私地完整詳述，雖說個案不同，但總歸的結論卻是一致：

我們的身體就像個小宇宙，它會隨著大宇宙而行，日出時身體需要能量來運作，一天所需耗費的體力必須在晨間補充；日落時，身體也會進入準備休息的狀態，儲存明天的所需，但現代人忙於工作、玩樂、放縱……不願跟隨自然法則而行，而習慣用大腦來控制身體的運作，當身體被消耗到某種程度，你的身體就再也由不了你。

我常對學生說，對待自己的身體，就有如尊重甚至敬畏整個宇宙，身體是我們最好的情人，你傾聽它的感覺、需要，並且盡力滿足它，它會給你比情人更可靠的回饋，身體不會說謊，你怎麼對它，它怎麼對你，屢試不爽。

「天下沒有不死之藥，只有養生之道」，正是我義無反顧前進的道路！

註1：《常用中藥精粹便讀》由天津科技翻譯出版公司出版，一本掌上型的藥劑用法。《中醫藥應考必讀》由上海中醫藥大學出版社出版。人民衛生出版社的《現代實用中藥學》是一本藥典，這本書前面有中醫基礎理論，其中包括：1.處方用名 2.藥材特徵 3.化學成分（把藥材分析出所有的成分）4.藥理研究 5.性味歸經（如性溫、味辛、歸肺和腎經）6.功用主治 7.臨床來源（如哪個醫學中心、治療過多少人以及什麼例子）8.用方用量（使用上的禁忌與同質性的藥物比較）。

註2：《中醫診斷學》這本書中我習得中醫的一些基礎論述，包括望聞問切；**望者**指神、面色、望形態、頭顱、五官、九竅、皮膚、脈絡、排泄物、舌；**聞者**指聲音、氣味；**問者**指一般狀況、生活習慣、家族病史、問起病、現在狀況；**切者**指脈診。但我學養生不醫病，所以不學切脈。另外還有八綱：表、裡、寒、熱、虛、實、陰、陽。辯證則包括：氣因、氣血、津液、臟腑、筋絡。這本書中還有非常實用的「視診和辯證的應用」以及「症狀鑑別診斷」等。

《中醫基礎理論》這本書也帶給我非常多的知識。從中醫學理論體系的形成和發展、唯物觀、辯證觀；陰陽五行中陰陽的對立制約、互根互用、消長、平衡和相互教化。五行木、火、土、金、水的特性，事物的五行屬性推衍和歸類，譬如：左為陰、右為陽；腹為陰、背為陽；女為陰、男為陽；四肢外側為陽、內側為陰；上部為陽、下部為陰。若以臟腑來分：五臟屬裡，藏精氣而不洩故為陰；六腑屬表，傳化物而不藏，故為陽，陽盛則熱、陰盛則寒；陽虛則寒、陰虛則熱。同時更有陰陽學說在中醫裡的應用。

註3：上海教育出版社出版的《常見症的中醫治診調治》，也是我非常熱愛的一本中醫相關書籍，作者余小萍和顏德馨，其中顏德馨是同濟大學中醫研究所所長、余小萍是上海中醫藥大學附屬光醫院老中醫經驗教研室副主任。這本書講述基礎的日常治療和保養，譬如：感冒怎麼分、自診的方法、診斷要點、辯證要點以及治療與調養。還包括簡易效方、食療方等等，另外它還提供外治法，譬如：按摩鼻翼、泡腳、熱敷等等；以及中成藥，如牛黃解毒丸等等。我個人就是著重在食療方，這本書讓我受益良多。

第三章

浪學下一站：身心靈的探索之路

從離開同仁堂之後，我不斷尋求各種養生理論，在融合中醫、營養學、食物過敏三元素之後，學生實踐的成果讓我驚喜，但我從他們的身上發現，有許多的癥狀，源自於情緒或深層的心理問題，例如我有許多學生是企業主，或企業的高階主管，他們共同的問題通常源自於壓力，導致失眠、生理時鐘紊亂，連帶著我所開給他們的擇食清單，也無法按時、按品項徹底地去執行，因此我開始去瞭解在全人療法之外的自然療法。

中醫基本上算是全人療法，根據病灶去瞭解身體發生的狀況，但我發現中醫的全人療法一樣有缺陷。全人指的是我們的身體，但是一個人除了身體之外還包含了心靈，身體健康發生問題，也有可能是心靈因素。所以當我開始接觸自然療法和全能療法，我認識到了心理、情緒治療這一塊，在西方來講這中間有很多門派，但我相信最後是可以統合的。

棘手的內火問題

情緒和身體會產生交互反應，我開始意識到這一點，是在我學習擇食的養生之道的過程中，提及內火和外火此一論述時所發現，一般來説，造成內火的首要原因就是晚睡或情緒大幅波動的影響，而外火則是指因為吃進上火食物所引發導致。在我的學生案例中，外火大多可透過「擇食」的方法來消除，獲得良好甚至斷根的改善；但內火一事，就涉及到當事人的觀念轉變，知易行難，也是我在諮商中碰到最棘手的問題。

很多第一次來找我的學生，都會被我漫長的諮商過程嚇到，我不要求看健檢報告、病歷數字，但會花很長的時間「問」，包括學生的職業、工作習慣、每日作息，甚至家庭生活、壓力來源、人生目標，在這些問答之間，配合上學生的身體所產生出的癥狀，我就大約能有效地判斷「內火」與「外火」兩項交叉因素的影響，也因此，我給學生的建議，除了「擇食清單」外，也會給予他們生活作息及情緒控管的建議，若學生聽得進去，兩者雙管齊下，成效之快通常都會讓當事人大吃一驚。

我記得在我開始做諮商初期，當時我的明星學生還沒那麼多，有位四十出頭歲的中小企業主來找我，我觀察他眼屎明顯，臉上痤瘡嚴重，上火得非常過火，他劈頭就說：「邱老師，你都不知道我們這些小公司的老闆壓力有多大！公司越賺錢我越擔心，怕員工跑掉，怕同業競爭，怕明年不知道還賺不賺得到錢，所以我只能一直拚，每天都工作十四個小時以上，但還是擔心到常常失眠睡不著，怎麼辦？」

高階主管的「內火」如此嚴重，代表一般人不知道該如何處理「情緒」，讓工作與生活和平共處！**我們都知道在職場要走得長久，就要控制自己的情緒，但大部分的人都用壓抑的方法，選擇不去看、不去想，先解決眼前的事情就好，後面的事等發生再說。這樣的處事哲學固然可以讓你先順利地把一天的工作做完，但是情緒卻會隨著壓抑不斷地累積，身體的內火也會越燒越旺。**

宣洩壓力不等於解決情緒問題

很多人認為：「有哇，我有解決情緒呀，我下班都會去發洩。」但發洩情緒的方式就是回家打電玩、去夜店跟朋友喝酒，或者唱卡拉OK之類。還有人認為運動可以紓解壓力，購物可以發洩壓力。我碰過許多學生會說：「我知道我有情緒問題，但我有宣洩的管道，我運動、購物，運動完很累，睡著後就什麼都不會想啦。血拼的時候我很開心，就會忘記我的壓力呀。」

在我的諮商經驗裡，這樣的學生好多，他們口中「有效宣洩情緒的方法」，其實對身體狀況沒有太大幫助，這樣的方式只會讓情緒被內化壓抑地更深，負面情緒久了就會變壓力，而日積月累的壓力，才是造成身體內火嚴重的根源。

仔細想想，我們從小到大的成長環境，父母、老師，學校或社會都沒有教我們該如何處理壓力和情緒這門功課，我的前半生還在職場上打拼時，其實也跟我的學生們一樣。我人生最低潮的時候，是在我開完刀身體非常虛弱，右手又癱瘓的時候，我並不是左撇子，那時卻只有左手能用，就連吃飯也是個大工程，可以想見我有多沮喪，但令人匪夷所思的，在這樣的人生低潮中，我的心靈卻比生病之前來得充滿愛和平靜。

我曾跟好朋友談到此事，覺得好像經歷這場大手術，身體的某個按鈕壞了，再也回不去當初那個職場上的女戰士，我變成一個連我自己都不認識的、充滿愛和慈悲的人。後來深究原因，我發現在人生最低潮、最需要愛與關懷的時候，我的父母和家人給我極大的支援，醫生和復健師不斷地給予鼓勵，可能是因為在那段時間，圍繞在我身邊的都是由愛所構築的正面力量，讓我不致於因為身體殘障而產生怨懟，就算是造成我右手癱瘓的醫師，我也沒有怨恨。

我的復健師原本要我有心理準備，她認為我的手就算恢復，也不可能完好如初，但沒想到經過三個月的努力後，竟然毫無徵兆地突然之間復原，而且百分之百的完全恢復功能，復健師一直搖頭說，這真是他從沒見過的奇蹟。

正面情緒給身體的復原力量

我記得那段辛苦的復原之路，由於我受到了滿滿的愛與關懷，當時我看待任何事情，周圍都好似鑲了一層金黃色的邊，平安與喜樂是很自然地由心底而生，我回顧庸庸碌碌的前半生，一直到手術發生右手癱瘓的時間點，那個關鍵時刻成為我人生的轉捩點，我相信奇蹟幸運地發生在我的身上，跟當時充滿愛的能量有關，直到現在，我一直心懷感恩地接受別人給我的愛和關懷。

康復之後，我變得會時時檢視自己的心靈，並且領悟到：「是不是我們一定要失去所有，才能打開另一雙眼睛、看到另一些事物？」因此，我常常跟學生講，不要害怕失敗、不要害怕失去，有時候失去只是一個過程，這個過程會讓你打開另一雙眼、另一扇窗，讓你接觸到另一個充滿愛的世界。

透過這次的經驗我強烈地體會到，情緒對於身體的修復有很大的幫助。剛開始我鑽研養生時，我並沒有意識到這點，在幫朋友做養生建議的時候，我都是先以調身體為主，幫他們篩選出會造成身體不舒服的食物，建議他們該怎麼吃，以及該補充那些營養。雖然他們都照做了，也的確有效果，但成效參差不齊，我覺得其中仍有變數存在。

當我跟朋友深入討論後，我發現結果變異幅度較大的人，多半在他們開始調養的同時，有比較大的情緒問題，或者碰到了人生重大的難題，進而產生極大的壓力，這讓我開始反省，光是靠我從中醫、營養學、食物過敏三元素所融合出來的養生法，仍有其不足之處，而這個部分，可能就潛藏在情緒調整裡。

當我們瞭解身體的運行，會發現一個人的身體狀況其實可以反映出他的個性，有些人無意識或無目的的暴飲暴食，其實不是身體的需求，而是情緒上的紓解，如果不面對這個問題，我給朋友的養生建議，就不可能得到完整地執行，但這時候的我，還沒有能力去幫助朋友調整情緒，我還得繼續學習。

遇見心靈導師開啟另一扇窗

我一開始幫助朋友調養身體時，遇到一個對我產生極大影響的人，我的好友Fenny。她曾經在美國學設計，回到台灣她為了自我療癒，先是接受催眠，感覺到真的因此打開了某些心結，對人生中的遺憾得到釋懷，也因此她開始嘗試在台灣學習催眠。

經過一段學習催眠的時間，她想要追求更高深和專業的技巧，因此回到美國，準備拿催眠師的執照。多年以後，她回到台灣，從一個前衛ABC的「憤青」，變成了完全不同的人，她沉穩、沉靜，在她身上已經完全感受不到曾經對生命的反抗和憤怒，我很好奇她經歷了什麼？為什麼對生命、對人的態度乃至於呈現出來的氣質，都徹底改變？

後來Fenny才告訴我，在美國她不僅學了催眠和心理諮商，之後仍嫌不足，因此又學了靈氣和顱薦骨[註1]。因為志同道合，我和Fenny在同一個身心靈中心開養生的課程，如果來的人有興趣，就由我給予飲食調養的建議；Fenny則給予心靈的諮詢。

一起工作的期間，我從Fenny身上學到許多心靈的專業，她也成為我的點化師（也就是靈氣中開頂輪的動作），讓我可以接收到宇宙間正面的能量。

點化師必須是個身心靈有正氣的人，可以接收到靈氣[註2]就必須有其道德的標準，才能為靈氣的能力用在何處把關，而Fenny是一個很嚴格的老師，雖然我的志向並非當一個靈氣的點化師，但我從Fenny身上學習到非常嚴謹的態度，並接觸正統的心理諮商，以及靈活運用的靈氣，等於幫我在養生之路上開了另一扇窗，我也把自己多年來尋求自我療癒內在心靈創傷所得到的心得，加以融會貫通，並一步步運用在我的養生諮商上。

身心靈版的擇食療法

首先我用在一些會有「溜溜球反應」的學生身上，意思是有些學生經由食物過敏源的排除，建立正確的飲食，的確得到很大的改善，但總不如我預期的好，這種學生多半會變成一種波浪型的改善過程，就是所謂的「溜溜球反應」，好一陣、壞一陣，我進一步和諮商者相印證，當對方告訴我身體的某些狀況，我會詢問他是否有某一些特定的情緒，往往都會得到肯定的答案。

舉例來說，我曾經有一位學生，父親有嚴重的肝病、母親甲狀腺亢進，當她來找我諮商時，體質非常寒，一般來講寒性體質都跟家族飲食習慣有關。另外，她跟先生從結婚後就想懷孕，但一年多來，始終無法順利懷孕。不僅如此，她同時還有大腸急躁症、皮膚的狀況極差，上肝火的狀況也非常嚴重。我看到她身體的分析，同時瞭解家族病史之後，我說：「妳母親應該是個很強勢並且脾氣不好的人，妳父親應該多半是忍讓母親，但退無可退時他也會還擊」，接著我直接問：「妳們家應該從小有家暴的問題吧？」

她當場眼眶就紅了，接著開始哭。後來她反問我是不是通靈，為什麼從身體可以看出她父母親之間的關係，甚至是家暴的歷史？

老實說我不會通靈，我只是從身體狀況、家族病史與遺傳來判斷家庭成員的性格。一般來說，甲狀腺亢進的人大多有著過度要求完美的性格，對自己和對別人期望都很高，若對方達不到期望就容易會感到憤怒，加上這位學生很容易退縮的態度，瞭解到她應該是在一個暴力環境中成長的孩子，因此碰到任何可能引起不愉快的狀況時，她會反射性地選擇退縮和逃避。

不論我舉自己或者是別人的例子，都只是為了讓大家能夠瞭解情緒與心靈是如何地影響著我們的健康，不正視這項問題，而只從病灶下手，身體就會用最直接的方式來提出抗議。

情緒對身體之影響

綜合我多年來的諮商經驗，通常情緒對身體的影響會有以下幾種：

當你常常壓抑焦慮、不安的情緒時，一段時間後就會從胃、腸的問題反射出來，如胃痛、胃發炎、胃悶脹、大腸激躁或腹瀉。如果壓抑的是憤怒情緒，則會由肝的狀況反應出來，如眼屎、無名火、膚色暗沉、大便祕結、食道逆流等。有些人經常反覆出現的上呼吸道問題，如扁桃腺發炎反應、咳嗽不停、常覺喉嚨有痰咳不出，如果求醫後無太大效果，請你想一想，最近是不是有某些恐懼的事情因你自己害怕面對而壓抑下來？不要逃避，誠實地面對造成自己情緒問題的原因，認真地去學習調整的方法，或者尋求專業的幫助，才是根本解決壓力來源的正道。

最後是我的貼心提醒：很多人經過一天忙碌的工作回到家之後，選擇用看電視來放鬆自己，但如果你覺得灑狗血的劇情或拿著遙控器不斷地轉台，並不能放鬆你的身心靈，不如就選擇水晶缽、西藏頌缽註3，及古琴彈奏的音樂來個聆聽冥想吧。只要有一張舒服的椅子或躺在床上，就可以悠遊在水晶缽共振的清靈音波、西藏頌缽曠遠幽冥的泛音波，或古琴的沉靜悠遠琴音中。讓音波振動帶動你體內的水分子振動產生共鳴，調整你內在的能量，幫助你回歸到平衡的自我。

註1：什麼是**顱薦骨**？

人體內腦脊髓液這個循環系統，將頭部聯結到薦椎形成一個整體，它由血管滲透出，也經由血管再吸收，整個腦脊髓液在體內循環時會產生一種規律的脈動，其頻率為每分鐘六至十二次，我們稱為顱內波動（cranial wave）。

和心跳脈搏及呼吸一樣，顱內波動也可以在我們的全身感覺得到。透過監測在顱薦系統內流通的腦脊髓液，引導師可以發現整個顱薦系統受阻的情形並感受到身體各部位活動的狀況，與顱骨、薦骨及尾骨各部位的活動情形，因為這些骨頭都直接和包覆腦脊髓液的腦膜組織相連接。

有趣的是，人體顱內波動的進化與在胚胎期的發育總比心跳脈搏或呼吸來得早。引導師以極輕柔的手法（不超過一枚十元硬幣的重量），順著這種原始的波動，可以將我們帶領到一個無比平和的境界——一種極舒服、充滿喜悅與深度放鬆的狀態。在這種狀態下，腦脊髓液的循環通暢無阻，中樞神經系統的環境也因而優質化，進而能增進神經系統與內分泌系統的機能，提昇整體的健康狀態。

顱薦骨平衡學很多正面的功效是依靠我們體內一種自然自我矯正行為的機轉，引導師雙手輕輕地觸碰，推動顱薦系統中腦脊髓液的流動力，改善整個內在環境，因而強化身體本身自我癒合的能力。

註2：什麼是**靈氣**？

靈氣即是宇宙能量，這種能量的品質和頻率即是愛——無條件的愛。當我們經由點化、開啓接受靈氣的頂輪，我們自己即成為一個傳導靈氣的個體，可以經由手勢來傳輸及調整能量，以及活化身體的能量場，幫助我們回歸體內最初的平衡。

靈氣較為普遍的分級是靈氣初階、靈氣中階、靈氣導師等三種階段。簡述如下：

＊**靈氣初階**：啓動及調整靈氣能量管道。在這個階段的靈氣學習者的靈氣使用範圍主要在個人及家人。可以學習到靈氣的歷史與發展、靈氣運作的原理、認識人體精微的能量場、靈氣如何使用、個人手位放置位置、自然呼吸法。

＊靈氣中階：在這個階段靈氣學習者的靈氣使用範圍主要在個人的過去歷史傷痛及學習如何較有效地、針對性地療癒他人。二階靈氣學習完成者即可成為靈氣執行師，為他人進行靈氣療法。可以學習到靈氣符號的功用及如何使用、遠距離靈氣的運用、靈氣施行過程中療癒他人時可使用的基本手法及進行方式。

以科學角度解釋能量的運作模式、法則、人體能量中心脈輪及經絡的運作、空間淨化。個案能量狀態解讀及如何針對性地清理、提高與加強靈氣的能量，以達更高層次的靈氣運用，提昇及轉化施作個案時的靈氣執行師個人能量法。

＊靈氣導師級：是在培育靈氣老師（或稱教練）。可以學習如何幫他人做各級靈氣調頻（Attunement）。能量銀行的使用。傳授能量治療的運用技巧、快速提昇及轉化施作個案時的靈氣執行師個人能量法。

但是為了確認有沒有需要接受師父級的學習，現在大多教學中心在導師階之前會多個高級班，可以明白學生的靈氣運用程度及讓學生明確瞭解導師級的實際目的與作用。

一位好的靈氣治療師，不代表是好的靈氣導師，一位好的靈氣導師不必然就是優秀的靈氣治療師，因為取決於個人的生命藍圖、生涯計劃、天賦與使命、及個人學習經歷。

老師有好幾種，標準的優良老師，如同古人所云：師者傳道（心法）、授業（教技術）、解惑（解釋學生不懂之處）。但也有「三人行必有我師」這句話，指的是見賢思齊，見不賢則慎之戒之，所以不管遇到什麼樣的老師，不要忘了自己學習的初心，隨時調整自己朝著那個目標而行吧。

附加說明，根據我自身的經驗，靈氣的學習是終身的，隨著靈氣學習者的使用及個人經歷，在學習者個人的療癒範圍及學習者自身的潛能開發也是一直持續的。你個人的感知能力開發讓你能感受、引導和運作更高、更精微的能量。重點在持續不斷地使用靈氣。

註3：什麼是**西藏頌缽**？

西藏頌缽融合了金、銀、銅、鐵、錫、鉛、汞七種金屬元素，象徵天地元素的和諧圓滿。當頌缽深靈悠遠的音波或泛音波頻率進入人體時，會引起體內細胞的分子共振，形成漣漪震動式的音波按摩，能重新調整淨化並激發身體的能量流動，打開糾結、阻塞的脈輪，及疼痛不通的部位，解除固著的執念。

邱老師的情緒管理教室

★**擔心，是最溫柔的詛咒**：擔心，是一種負面情緒，而且於事無補，請不要老是擔心身邊的人或事會出問題，因為擔心久了可能會成真，請記得把「我擔心……會出問題」轉換成「我相信……會一切順利」。

★**祝福，是最強大的願力**：過得開心且幸福的人，不會遷怒他人，做些讓別人受傷或難過的事，因此請記得，如果有人讓你困擾、難過或憤怒，讓你覺得受傷害，請祝他開心或幸福，如果實在無法祝福你的死對頭幸福快樂，至少可以祝福他「心寬體胖」。至於他會應驗心寬或體胖那就要看他個人的福報或業報了！

★**做自己的心理治療師**：當你生氣的時候，請靜下心來，幫自己做點分析。請想想讓你生氣的是事還是人，如果做這件事的是你喜歡的朋友，你還會生氣嗎？答案如果是不會，這代表你的怒氣是對人不對事，這時請你想想，為什麼會對這個人產生怒氣？是因為他愛占人便宜？逢迎拍馬？還是欺善怕惡？把原因找出來，然後問問自己，為什麼我會對這些行為如此反感？是否在我深層的內在，曾經因為這些負面行為而受傷，或其實這些負面行為就存在於我的黑暗面裡，你打從心底的厭惡可能是提醒自己黑暗面存在的防衛機制。找出自己真正的

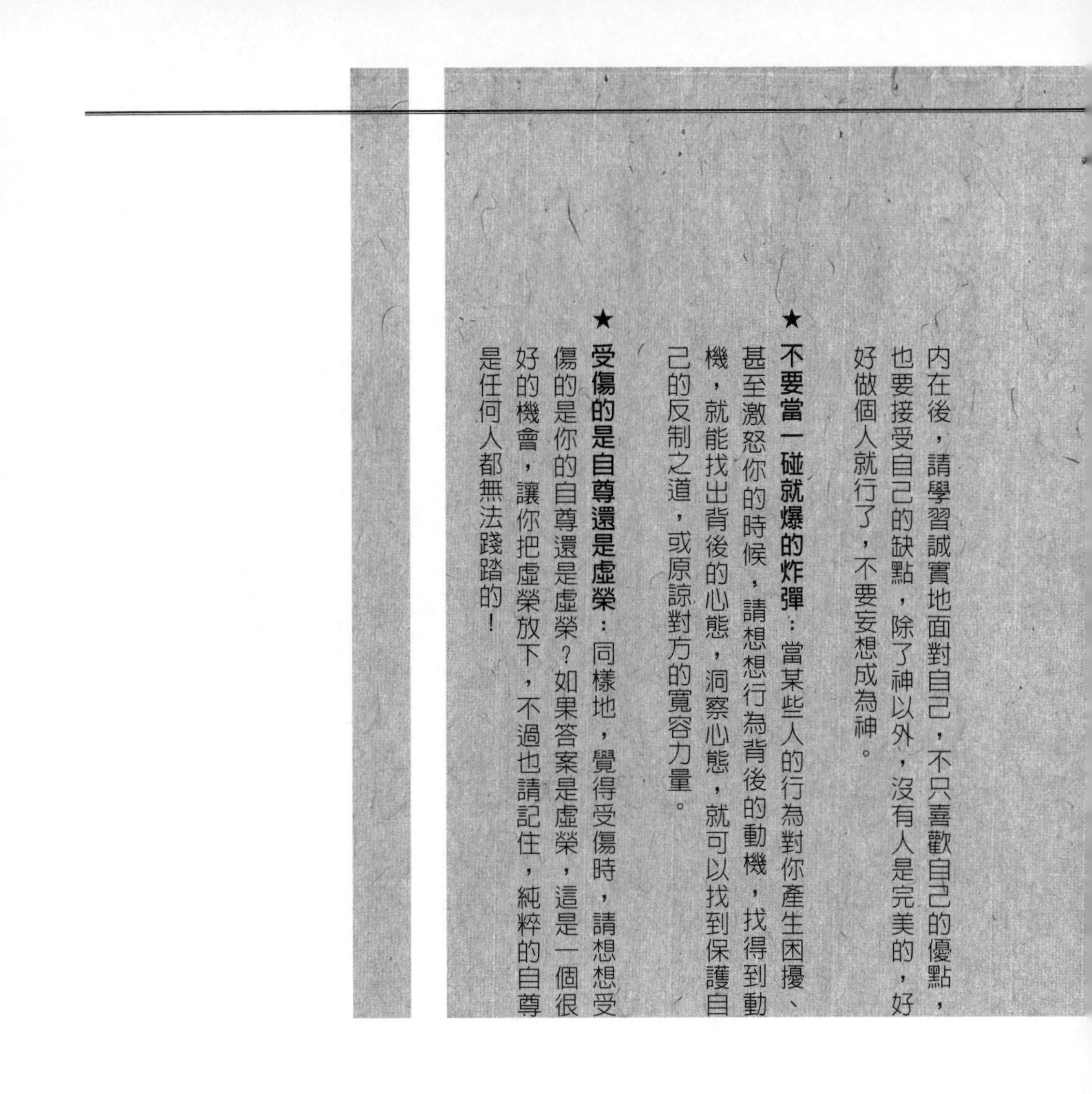

內在後，請學習誠實地面對自己，不只喜歡自己的優點，也要接受自己的缺點，除了神以外，沒有人是完美的，好好做個人就行了，不要妄想成為神。

★**不要當一碰就爆的炸彈**：當某些人的行為對你產生困擾、甚至激怒你的時候，請想想行為背後的動機，找得到動機，就能找出背後的心態，洞察心態，就可以找到保護自己的反制之道，或原諒對方的寬容力量。

★**受傷的是自尊還是虛榮**：同樣地，覺得受傷時，請想想受傷的是你的自尊還是虛榮？如果答案是虛榮，這是一個很好的機會，讓你把虛榮放下，不過也請記住，純粹的自尊是任何人都無法踐踏的！

第四章

我的養生心得：擇食而活

吃對食物+不吃錯的食物=健康的基本原則

生物都有自我療癒的本能，但為什麼大多數的現代人都失去了這個本能？該如何找回它呢？

所有的動物都有所謂的動物性本能，當牠受傷的時候，牠會知道要先找一個隱密的地方休息，甚至自發性地去嚼食一些植物（草藥）；而趨吉避凶更是動物性的自然天賦，反射性地避開危險基本上是不用經過思考的，人也具備這種天性，很多狀況，我們應該會有反射性的反應，因為自己知道這是危險的、是必須避開的，但為什麼我們的身體吃到不乾淨的食物或不對的食物會沒有感覺？甚至沒有發出警告來讓我們知道這個食物其實是不適合自己的？

絕大部分的原因來自**過度複雜的飲食，以及情緒的混亂，造成我們本身變成一個身心靈失調的個體，慢慢地失去我們的靈覺（就是所謂的動物性本能）**。

過度複雜的飲食，意思是現代人的飲食習慣多半會過度調味、過度烹調、烹調方法繁複；其實這個道理很簡單，就好比你拿起一塊生肉，如果它有任何不新鮮、難聞的氣味，你會比較容易聞得到，但如果這塊肉經過水煮後再加入醬油、冰糖久燉，然後又加入花椒、八角等香料，先不提這種烹調方式如何破壞蛋白質，事實上你很難再聞得出來這肉究竟新不新鮮；過於複雜的烹調方式，本來就一定會影響我們判斷食物的好壞。

而情緒混亂，則是因為現代人的生活以及工作都過度負荷；這肯定是許多人的共同困擾，卻也多半覺得無奈而放棄改變，久而久之失去調整以及自我平衡的能力而不自知，但這樣忽略照顧自己的情緒，必須承擔的後果你真的承擔得了嗎？

聽起來上述這些問題彷彿很無解，不要被嚇到，要找回做為一個人的基礎本能其實簡單到讓你驚訝的地步。

每天都得從「吃」開始

飲食前必須遵守、瞭解的三大原則，你做到了嗎？

❶用對油了嗎？

首先從我們攝取的食物烹調方式簡單化來著手，比方說，烹調的時間不要太久、程序不要太多，可以用水煮、清蒸，或者是溫鍋冷油炒食的方式，調味料盡量避開刺激性的辛香料為主。正確地使用食用油也是非常重要的關鍵，比如說：沙拉油不適合高溫快炒、爆炒、油炸，而是最好用來涼拌；橄欖油、葵花子油則適合拿來拌炒，但不要用Extra或Virgin的橄欖油來炒。

❷愛吃的猛吃就不妙囉

任何食物就算營養成分再好再高，都請記得不要長期大量食用，每一個人的體質都不同，對食物的分解、吸收和轉換的程度也不同，如果我們長期大量攝取某些特定的食物，當我們的身體沒有辦法完全吸收轉換的時候，可能開始出現不舒服的狀況，而這些不舒服的狀況就有可能是對這個食物產生過敏的反應，所以不要因為愛吃某樣食物，就餐餐都要，無它不歡，要記得給身體喘息的時間和空間。

❸避開會讓自己產生過敏的食物

要避開過敏食物前，當然要先了解自己的體質目前屬於什麼樣的狀況，我們可以先從目前身體不舒服的狀況來著手，參考下一段所列舉的問題中，所提到的致敏性的食物是不是正好是我長期喜歡吃的食物？而我的身體是否又同時有這些問題？

如果答案是肯定的，我們就可以先從忌口這類食物開始做起，如果不舒服狀況真的跟食物有關，一般來講完全忌口一個月之後，應該就會開始感覺到情況好轉。接下來就很簡單啦，一旦你忌口一個月後不舒服的狀況有好轉，我會建議你接著至少忌口半年到一年，持續到這個不舒服的狀況完全消失。

很多人一聽到這裡就開始瞪大眼睛問：「那我一輩子都不能再吃這項東西了嗎？」別緊張，並不是這樣的，你可以讓自己在原本有的不舒服狀況完全解除之後，嘗試少量地攝取引起問題的這個食物，如果一段時間後問題又重新出現，就再繼續忌口至少半年、再重新嘗試，如果每次只要你一開始吃那樣東西，不舒服也跟著啓動，那就不用再問啦，除非你甘願不舒服也要吃，那誰也沒有辦法；但是也有可能在你重新開始吃後，並沒有不舒服，那就只需要記住，不要長期大量吃，偶爾吃吃是可以的。

如果你想要有一個基礎代謝率很高、老得很慢的身體，請開始認真地去建立自己對食物的過敏反應紀錄，也要認真地去找出造成自己身體問題的凶手。

當一個人的身體常常處於神清氣爽、體態輕盈、充滿元氣和動力的時候，就表示你的身體開始變乾淨了，再加上如果我們懂得注意照顧自己的情緒、紓解負面困擾的問題，雙重的影響下會發現身體自我療癒的本能，開始慢慢啓動，很多以前常常困擾我們的小毛病，也隨之慢慢消失蹤影。不論是忌口或者任何照顧自己、瞭解自己的努力，都是為了讓自己過得更輕鬆健康，就看你願不願意了。

現代人的疑難雜症你有哪一種？

最困擾現代人的幾個問題：失眠、脹氣、過敏（包括鼻子過敏和皮膚過敏）、排便不順（包括便祕和腹瀉）、水腫、肥胖、青春痘、粉刺、毛囊炎、未老先衰……這些惱人的問題到底是怎麼形成又該怎樣調養呢？

其實以上的問題大多和食物、飲食習慣及情緒有關，先來看看自己的疑難雜症是什麼，然後找出調整的方法。

一、**胃脹氣真的很氣**

常常在生活中不分時、地的嗶嗶啵啵，老是「一肚子氣」，這是許多朋友或者來找我詢問養生的人所提出的問

題，那就是「脹氣」。這跟現在的人常有的三個通病有關：

❶ 吃飯時不專心

大家吃飯的時候，不是配電視上哪裡又發生意外死了人的新聞，就是配報紙上哪裡又警匪槍戰的報導，根本沒有專心吃飯。吃飯的時候要盡量專心碗裡的東西，不要又是聊天又是看電視、看新聞的，這些都會影響消化系統的運作。

❷ 把公事和吃飯合併辦理

大咖早餐會報、午餐會報；小咖吃便當、聊明星或辦公室八卦……有誰記得食物應該要慢慢、充分地咀嚼？

事實是吃得快就容易造成脹氣，邊吃飯邊講話也容易脹氣，沒有經過充分咀嚼而混合口水中消化酶的食物，更容易對胃造成負擔，甚至長期下來有可能導致胃潰瘍。除了要養成吃飯時充分咀嚼以及盡可能專心的優良習慣之外，再來就是要注意避免吃進一些容易造成脹氣的食物。

❸ 老是吃易引起脹氣的食物

哪些食物可能容易造成脹氣？例如：黃豆（包括黃豆製品如豆干、豆皮、豆腐、豆花、豆漿、黃豆芽、蘭花干、素雞、素肉、味噌、毛豆、納豆、素火腿、黑豆、黑豆漿、豆豉等）以及黃豆蛋白製品、糯米類（麻糬、粽子、油飯、米糕、湯圓、飯糰、紫米、糯米腸、豬血糕、草仔粿、紅龜粿等）、竹筍（包括筍絲、筍干等）、奶製品（包括：調味乳、優酪乳相關產品、起司、冰淇淋、煉乳、高蛋白牛奶製品、乳清蛋白等）、五穀雜糧類（包括小麥、大麥、燕麥、蕎麥、黑麥、小麥胚芽、全麥麵粉製品、糙米、胚芽米等）。

試著避免吃這些可能就是引起你脹氣的食物，一段時間後看看自己的狀況是否有改善，如果有，那就是要恭喜你找到脹氣的凶手啦。

真人實例：腸胃不作怪

顏小姐（因尊重本人意願，此處僅以顏小姐稱之）
年齡：31歲
職業：科技資訊業
主要調養重點：胃脹、腹瀉、胃潰瘍、鼻過敏

顧好腸胃就有了健康之本

好東西就是要和好朋友分享的。我有一群好朋友，常常會分享彼此的心得，什麼東西超好用的啦，什麼東西實在是便宜、大碗又具經濟效益的，藉由朋友間彼此的分享，確實讓我掌握了很多很棒的生活資訊。邱老師的資訊就是在這樣的分享中得知的。

乍看起來，我的身體狀況其實還OK。曾經有鼻竇炎的困擾，可是經過手術治療後就沒什麼大礙了。工作上雖然忙碌，但一切都在掌握之中，所以好像也沒什麼太大的壓力。後來因為媽媽生病，一度讓我非常擔心，然後開始常常覺得胃不舒服，後來去看醫生檢查，才發現有輕微的胃潰瘍。雖然胃不舒服給自己增添了一些困擾，但好像吃過藥後也還好，所以也沒有太在意。

後來是和好朋友碰面聊起，朋友馬上告訴我她之前也是有些身體不適但沒有特別在意，沒有想到後來情況越來越糟，造成生活很大的影響，結果是因為去跟邱老師諮詢，弄清楚了其實一切肇因於自己的生活作息和飲食習慣，經過調養後，不但解決了惱人的問題，身體狀況還比以前更好，面對工作生活的壓力也更有能量處理。

因為朋友在台北工作，而我是在新竹，異地兩隔，大部分是電話聯繫，見面的機會較少，所以我也發現她和我上次見面時的樣子有很大的不同。最明顯的是體態變輕盈了，沒有化妝的她卻散發著好氣色，講話時精神奕奕，笑容也多了。上次碰面聊天時感覺她精神狀況很糟，聊天時顯得有些急躁，好像也很容易不耐煩；而她也深受睡不好所苦。後來我和老公也常聊起她的狀況，猜想她是不是因為工作生活壓力太大，很擔心她的身體健康。

看到她經過邱老師的指導後有這麼大的改變，心裡很為她高興，也不免好奇，這位邱老師究竟是何方神聖，居然只是藉由幾張問卷、察言觀色就可以精準地提出具體的建議，讓我這位好朋友可以有這麼大的改變。深入瞭解後，我想到老公長年的困擾——濕疹，還有他的鼻過敏非常嚴重，如果邱老師可以幫助他解決這些問題，那可就太棒了。

原本以為和邱老師見面不過就是談談身體狀況，然後邱老師對我們察顏觀色一番，再提出具體的食療建議就可以了，沒想到這個諮詢一點也不馬虎。雖然朋友之前有和我聊到她第一次向邱老師諮詢時有填寫問卷，但我沒想到這問卷竟然這麼費工，密密麻麻的問題……然後填著填著竟然發現——嗯……這上面說的狀況我好像也有耶；仔細想想我好像腹瀉的情況也滿多的；對耶，其實我好像也挺容易疲倦的；

確實好像也常常腰痠背痛……

原來，一切都是有跡可循，已經習以為常的小毛病原來並不是單純工作太累所造成，真正的元凶，其實是我們吃進肚子裡的東西。

「所以，我的體質真的不能吃蛋嗎？」

「我的體質青菜不可以生吃？不是說煮熟的青菜營養容易流失嗎？」

「嗄，黃豆可能會造成脹氣，所以我的胃才會那麼不舒服哦？」

哦，天哪、天哪！原本為了健康著想，我還特別每天自製豆漿當早餐，然後吐司夾蛋加生菜，這全都錯了嗎？這不是營養又健康的最佳飲食嗎？這個傳說中的健康飲食真的就是造成我胃不舒服、容易腹瀉等等問題的元凶嗎？

吼！錯誤的認知真是害死人了！我原本還在想，我每天都讓老公吃得那麼健康，那麼營養，為什麼只長了肥肉，對於身體健康卻沒什麼改善。而且，老公的嚴重濕疹、鼻過敏問題，幕後的黑手其實就是我嗎？這真是晴天霹靂呀！

老師還提醒我，要攝取優質的蛋白質，所以要攝取足夠的肉類。

「可是，老師，我其實平常都吃很多肉欸！」

「但是妳吃的不是優質蛋白質。」

不是說優質蛋白質是從肉類攝取嗎？我吃了那麼多肉，邱老師卻又說我攝取的不是優質的蛋白質。

「那是因為妳所吃的肉經過過度的料理，烹調的時間過長，會造成反效果。」

邱老師說，肉類烹煮千萬不要超過十五分鐘，像火鍋的料理法，將薄薄的火鍋肉片放進鍋中涮一涮，熟了以後就可以吃了，不需要煮太久破壞肉的蛋白質。而且我們一般在煮肉的時候通常會加入蔥、蒜等調味，這也是大錯特錯。因為這些東西反而會讓我們的身體容易上火，也因此身體本來在發炎的狀況會持續發炎，情緒也會焦躁不安，晚上當然也睡不好覺。

「還有，以妳目前的身體狀況，魚也是不可以吃的。」

嗄？這個不能吃，那個要忌口，那我還有什麼可以吃的呀？好險，邱老師開出了她的食譜建議，教我可以選用的食材，並且教我如何用中藥材煮雞湯。看著食譜上羅列的項目，唔……其實情況也沒那麼糟，以前不過是因為自己對食物有固定偏好和既定認知，一旦把眼界打開，其實可以吃的東西相當多。後來我也才知道，當味覺回歸到最原本的狀態，吃，變成了相當簡單的事，我們身體的需求其實也很簡單。

照著老師指導的方法，我和老公展開了新的飲食之旅。剛開始當然有些不習慣，以前早上是喝豆漿，現在是喝雞湯，以前是吐司夾蛋配生菜，現在是法國麵包夾肉片，或者是燙青菜配白米飯，做起來並不複雜。而真正最不同的，是我腸胃不舒服的問題很明顯地消失了，而因為身體暖和了，腹瀉也消失了；晚上可以很自然地入眠，第二天早上醒來精神飽滿，長時間工作也不會累，腰痠背痛的情形也不再發生。

除此之外，還有個小小的獎賞——我的體重減輕幾公斤，小腹變緊實了。看來，我不只找回了真正的健康，也可以放心地懷孕，準備孕育一個健康寶寶囉！

二、吵鬧的睡眠

你一定在想「吵鬧的睡眠」是什麼意思？我身邊碰到或者認識的人當中，沒有睡眠問題的反而是少數，大部分的人都會如下形容自己的睡眠：

「我很難入睡，躺在床上翻來覆去總要好久。」

「常常好不容易睡著，卻又一下子就醒了，醒了就又睡不著了。」

「躺在枕頭上就是無法控制地東想西想，根本無法停下來，我也沒有辦法控制。」

一堆諸如此類的說法。相信大家對於以上這些說法會覺得很熟悉，好像就在說自己一樣，因為對許多人而言，睡眠本身已經變成一種壓力而成為擾人的事情，所以才用「吵鬧的睡眠」來形容。

我們先從瞭解影響睡眠的因素著手，然後再看看能夠幫助自己什麼。影響睡眠的原因很多，其中有三大成因是最常見的，那就是肝火、刺激神經的食物以及內在的情緒問題。

❶影響肝火的食物

許多我們平常不注意而吃到肚子裡的食物，其實很輕易就會影響我們的睡眠於無形之間。許多上班族必須成為外食族的處境是很值得同情的，因為大部分的外食環境都十分惡劣；到處充斥著味精、麻辣、香油及食品添加物，更別提烹調方式多半都是「高溫油炸」、「高溫燒烤、碳烤」、「高溫烘焙」以及「高溫快炒、爆炒」，在這些烹調方式下，外食族很容易吃進例如：沙茶、咖哩、紅蔥頭、紅蔥酥、麻油、薑母鴨、麻油雞、羊肉爐、藥燉排骨等上火的醬料和湯頭。這些過度烹調、過度精緻的「美食文化」，可一點都不美，它是導致我們先天體質上肝臟容易出現狀況的遠因。

容易上肝火的食物，列舉如下：

堅果種子類：包括，芝麻、花生、杏仁、核桃、開心果、南瓜子、葵瓜子、蠶豆、腰果、松子、夏威夷果仁、米漿（含花生）等。PS.因為要香、要酥脆，所以多半以高溫拌炒或烘焙，容易上火。

水果類：荔枝、龍眼、榴槤、櫻桃等。

飲料類：咖啡、市售黑糖薑母茶等。

我們可以從自己的日常身體症狀來判斷是否有肝火的問題，譬如：眼睛早上起床有眼屎、乾、痠、癢、長針眼；嘴巴破、臭；手腳以及臉的皮膚顏色黯沉、臉上長黑斑；皮下脂肪瘤；便物色深、乾、硬等等症狀，情緒容易暴躁、易怒、無名火，就是代表你可能有肝火的問題囉。

要想避免上肝火，就要先學會避免吃那些高溫烹調的食物，以及先忌口相關的食物一段時間，然後再觀察自己的身體是否還有相關的症狀。

❷ 刺激神經的食物

每次提到「許多食物是容易刺激神經」的時候，我的對象往往都會有種感到不可思議的反應，這個部分確實可能是最多人不瞭解或者忽略的，而事實上只要是有睡眠困擾的人，最好能夠避免吃刺激神經的食物，神經得要先安定，才可能有安穩的睡眠。

容易刺激神經而可能影響睡眠的食物包括：鮭魚、黃豆製品、糯米製品、竹筍（包括筍絲、筍干）、巧克力等。

水果類：鳳梨、芒果、龍眼、荔枝、水蜜桃、哈密瓜、香瓜等。

蔬菜類：大白菜、小白菜、大黃瓜、小黃瓜、苦瓜、絲瓜、瓢瓜、冬瓜、芥菜（包括雪裡紅）、白蘿蔔等。

以及含有咖啡因的飲料：咖啡、濃茶、可樂、瓜拿納（Guarana）茶等等。

❸ 情緒也該今日事今日畢

最後一項就是省視自己的睡眠習慣，大部分有睡眠問題的人，都習慣在睡覺時不願認真睡覺，喜歡邊睡邊想著：工作如何更上一層樓、要從哪裡擠出錢來買LV新出的包包，不然就是把白天的煩惱困擾拿出來重新想一遍……久而久之躺下去之後越來越難以入睡，好不容易睡著了也是淺眠多夢，比沒睡還累！

首先，先調整自己思考明天該做事情的時間，不要在一天都結束後，躺在床上才開始想，而最好能在下班了、準備回家前先整理好明天該做的事情。這樣當你回到家，你只需要處理家中的事情和好好休息。

再來就是有太多人都覺得明明很睏，但是躺在床上就是睡不著，並且越是叫自己不要東想西想，就越是會東想西想，於是我常聽到別人跟我講：「我也沒有辦法控制我的腦袋，它就是會轉個不停。」如果你真的什麼方法都試過，就是沒有用，那麼我只能說若你真的無法控制自己的大腦停止想事情，那麼你起碼想對自己有幫助的事情。

有一些我自己在過去有睡眠問題時，嘗試過並且真的得到幫助的方法，提供給大家試試看。

當你準備睡覺時，成大字形輕鬆躺著，作腹式呼吸，數息（吸氣和吐氣為一次，一邊做一邊數算），慢慢呼吸，並且想像今天所有碰到的不愉快事情的感受，都隨著吐出來的氣一絲一絲地離開身體……吸氣時，吸進來的是愛和所有的關懷。

如果反覆做到十次，此時你還未睡著，就請你開始感謝自己的身體，把身體的每一個器官一樣一樣來感謝，譬如說：感謝我的頭腦今天一整天幫我分析事情、大腦運作幫我處理我生活上需要處理的事情，感謝眼睛幫我看這個世界美好的事物……一路感謝到腳。

很多人也許會懷疑這樣的方式真的可以幫助自己入睡？但我相信，其實我們所有的思考和講出來的話，我們的身體都感受得到，與其你躺在那裡思緒飄忽，不如好好跟自己的身體相處，不受打擾地好好感謝它為了讓你活下來所做的努力和付出。

很多時候我們把失眠當成一種詛咒，但其實它可能是一種身體對你提出的抗議，它希望不被打擾地跟你相處，所以學著不要再把失眠當成一種詛咒，應該感激，你可以好好謝謝你的身體，這也就是所謂的正面思考的力量。

真人實例：拒絕吵鬧的睡眠❶

孫慧慈（女）
年齡：30歲
職業：行銷企劃
主要調養重點：睡眠障礙、頻夢、磨牙、腳腫脹

請讓我好好睡上一覺吧！

讓我的朋友們產生這麼大的驚嚇真的不是我的原意，因為我的改變太大了。其實我之前也是被Melody的改變給震懾。Melody是我在業務上往來的朋友，所以我們並不是常常見面，但當我從上次相聚到下一次見面不過才隔了一個多月左右，她卻完全像是變了一個人！容光煥發的神采，吹彈可破的肌膚，緊實勻稱的體態，真的是太神奇了，即便是微整

形也不可能塑造出這樣的效果，而抽脂減肥更不可能在這麼短的時間內恢復。這個魔法真的不可思議，而這個神奇的魔法師，就是帶給我極大改變的邱老師！

在Melody向我敘述了她在邱老師那兒接受諮詢的過程後，我就立刻聯絡邱老師安排諮詢時間了。會這麼迫切地想和邱老師見面，主要原因是我當時的身體狀況著實讓我很困擾。我有嚴重的睡眠問題，幾乎每天都會作夢到天亮，早上爬不起床，總覺得自己根本整晚都沒有休息到。而且老公常常會半夜嚇醒——被我的嚴重磨牙聲嚇醒！為了這個問題我跑了好幾趟醫院，醫師建議我晚上睡覺時戴齒模睡覺，可是幾乎沒什麼效。還有，中醫師說我的水腫情況很嚴重，影響到身體的代謝功能；那時候，我幾乎每天一到下午腳就發脹，穿著鞋子很不舒服，走路就覺得疼痛。

基本上，我不算是個挑食的人，但我從小就很不愛吃肉，偏愛吃蔬菜水果，所以在飲食上其實挺好打發的。和邱老師見面後，她三令五申要我一定要習慣攝取肉類，特別是羊肉和豬肉。主要是因為我的體質偏寒，肉類有助我祛除體內寒氣。**「肉類有優質的蛋白質，妳必須要靠蛋白質的攝取在妳的體內轉化成熱能，才能驅使妳的身體正常運作。還有米飯一定要吃，那是澱粉的重要來源**。像妳之前的吃法，熱量和蛋白質幾乎沒有攝取到，但會造成身體變寒和水腫的食物卻吃太多，然後妳的身體又沒有足夠的能量去代謝，讓水分積在體內，這樣飲食失衡，當然會讓妳的身體生病。」

「可是蔬菜、水果不是可以提供多種的維他命，這樣對身體難道不好嗎？」

「雖然妳愛吃蔬果不是壞事，但並不是妳特別愛某種食物就可以多吃。」邱老師完全顛覆了我的觀念，「而且也不是所有的蔬菜水果妳都可以吃。妳的身體比較寒，所以寒性的蔬菜、水果是不適合妳吃的，比如說地瓜葉、冬瓜、黃瓜之類的就比較寒，妳一定要避免。」

所以一切惡業都是自己所造囉？過去一直以為多吃蔬菜、水果比較健康，再加上生活忙碌，所以我常常因為怕麻煩而大多用蔬菜、水果果腹。譬如早餐，我通常都是一杯豆漿，外加春捲皮裹大量生菜；本來以為是超級健康的飲食，沒想到卻是帶給我無窮禍患的災星。

「還有，妳的胃狀況應該很不好吧？」老師看了看手上的資料，再對我察顏觀色了一番，「妳應該會常常覺得肚子發脹，很不舒服才對。」

「呃……對！」我都忘了跟老師提到這點了。「老師，妳怎麼知道啊？」

邱老師對著我會心一笑，她一定在我的眼神中看見了我對她的讚嘆。「從妳的飲食習慣看來，妳的胃不可能沒事。」

原來又是飲食惹的禍。過去雖然常覺得胃不舒服但沒放在心上，總以為這是現代人的文明病，就退一步和平共處好了，沒想到其實是可以不需要這麼折騰我的胃的。好吧，我知道，我得和我超愛的豆漿還有所有豆類製品說再見了。

「還有糯米也不能吃，因為這會影響妳的睡眠。尤其是晚上更不能吃這類的東西。」邱老師又補了一槍！唉！我還剩什麼可以吃啊？

好險，邱老師在提出飲食建議時，舉出了很多選項，這讓我稍稍安心了些。不過這樣的飲食模式似乎很難在外食的情況下達成，所以我只能開始乖乖的在家自己煮。也是因為這個原因，那段時間，朋友每次邀約我吃飯，我都只能謝絕。想想看，蛋不能吃，黃豆類不能吃，牛奶不能喝，偏寒的蔬菜、水果不能，玉米、芋頭不能，蔥、蒜不能，這明明就擺明了是大餐不能吃，下午茶也不能吃。因為外面的誘惑實在太多了，如果這時我還答應朋友的邀約，根本是和自己過不去，也給朋友添麻煩。

所以，當兩個月後我以嶄新的面貌出現在朋友的面前時，朋友們看到我的改變當然都驚聲尖叫，大嘆不可思議了。那時的我大概瘦了四、五公斤，皮膚好得不得了，而且神采奕奕，完全不用任何化妝品修飾。那天的話題全圍繞在我的身上打轉，而且在散會之前，所有的朋友們也都動作迅速地和邱老師安排了見面諮詢的時間。

第二次再向邱老師諮詢時，邱老師和我確認了目前的進展後，建議我要再增胖一些。

「為什麼？」我驚呼。雖然減重並不是我最初的本意，但身為女人怎麼可能不和體重斤斤計較。「我覺得這樣很好啊，而且我還想要再瘦一點呢！」

「體重不是重點。」邱老師的眼神充滿了說服力，「體形才是重要的！也就是說，別人看到的是身形，而不是體重。」

邱老師說，身體需要靠肌肉的力量，如果體重過輕，肌力就不夠。而且朝向身體健康的目標，身體要排除的是積在體內的過多水分，同時降低體脂肪，肌力充足，妳才會呈現出更漂亮的身形。

雖然半信半疑，但邱老師的話絕對有根據，我決定照做。果然，一個月後，我的體重增加，但我卻沒有看起來更胖，反而體脂肪下降了，我的衣服、褲子尺寸也完全小了一個尺寸！

至於我的睡眠障礙也在改變飲食習慣後大約三個星期左右出現了明顯變化，我可以一覺到天明不被夢境騷擾，而且精神飽滿，腳腫的情形也不再發生。我老公也因為我的磨牙狀況消失無蹤，再也不會半夜被我吵醒了。

真人實例：拒絕吵鬧的睡眠❷

王逸安（女）
年齡：67歲
職業：退休公務員
主要調養重點：睡眠差、肩膀僵硬、手腳冰冷、焦慮不安、心悸胸悶

靠飲食調整，我要活到一百二

公務員退休以後，我為自己安排了充實的退休生活，在醫院當志工服務病人，在某基金會當志工幫有障礙的孩童餵飯，也在某個社會團體接聽電話聽人訴說苦楚。除此之外，我和其他志工也常常交換心得，聊聊媽媽經、兒女經，聽聽別人怎麼處理婆媳關係，如何照顧高齡父母。

像我這樣一個六十多歲的人，和先生共度退休後的生活，同時照顧高齡九十多歲的老母親，生活單純而規律，孩子們也有自己的生活天地，一切都很美好。我一直是一個很注重健康的人，飲食也很簡單，少油少鹽，不太吃肉，所以我的體重都維持在標準範圍，除了血壓有些不穩定，平常也沒什麼病痛。像有些同年紀的朋友會抱怨身體不靈光、體力不濟、食慾不好什麼的，這些狀況我都沒有。

當然，我會這麼注重健康也是有原因的。我有高齡老母要照顧，這個擔子沒有健康的身體當然撐不住。同時我也認為把自己身體照顧好是為人父母者應有的基本態度。現在的年輕人生活壓力大，面對社會的快速變遷，龐大的經濟壓力，如果還要照顧生病的父母，實在是太辛苦了。如果我沒有顧好自己的健康，那我的孩子可就慘了！

既然身體狀況還不錯，為什麼會去找邱老師諮商呢？主要原因是我們家的老三——我的么兒。我的兒子是個室內設計師，工作忙碌的時候常常三餐不定時，熬夜苦撐更是免不了的，也因此年紀輕輕卻是常常一臉倦容，腸胃消化不好，睡眠品質也很糟。因為兒子並沒有和我們同住，我雖然很擔心他，卻也幫不上什麼忙，只能苦口婆心地勸他要記得吃飯、別太晚睡覺。沒想到一段時間沒見，兒子回來陪我們三位老人家吃飯，我發現他居然變了。不只是整個人神采奕奕、容光煥發，身體也變結實了。有趣的是，在我張羅晚餐時，兒子特別提醒我他哪些食物不能吃，哪些食物必須怎麼料理他才能吃。我本來就是個在乎飲食健康的人，既然兒子的改變是因為飲食而起，我當然聽話照做。

在晚餐時我們聊了很多，兒子敘述了他接受邱老師諮詢的過程，同時也因為飲食的改變讓他原來困擾許久的許多身體問題都改善了。然後他問我：「媽，我也幫妳向邱老師預約諮詢好不好？」

「有這個必要嗎？我的身體狀況還不錯啊！」老實說，看見兒子這個也不能吃，那個也不能嚐，我心裡很猶豫。沒錯，我是很注重健康的人，可是萬一和邱老師諮詢過後，發現我什麼東西都不能吃的話，那生命也未免太苦悶了。

「妳不是老說妳睡不好嗎？而且妳最近也常說妳的記憶力越來越差了。」兒子很認真地注視著我，「也許諮詢過後，妳只要稍微調整妳的飲食就好了，妳就試試看嘛！」

「嗯……」其實我心裡也充滿了好奇，我雖然知道飲食對於健康的重要，可是光靠飲食就能夠讓健康改善，真的讓我挺想瞭解邱老師是如何辦到的。「好吧，你幫我預約吧！」

和邱老師見面後，她要求我仔細地回答她問卷上所列的問題，然後在諮詢的過程中，我這才發現其實我的狀況好像不只是我所認為的「除了血壓有些不穩定，平常也沒什麼病痛」這麼簡單。當然，毛病不是很大，但其實困擾不少。主要是因為有些年紀了，很多的不舒適是在自然情況下慢慢發生、慢慢適應，然後就不以為意，習慣了這樣的困擾。

仔細想想，對耶，我除了睡不好，肩膀好像也常覺得僵硬，手腳會冰冷，不自覺地焦慮、不安，偶會心悸、心口悶。原來毛病不算少啊！以前一直以為是因為我是個做事仔細、要求完美的人，所以心理影響了生理，才會造成這些現象，但邱老師告訴我，心理會影響生理，但錯誤的飲食習慣也會造成生理不適進而影響心理。而且我的體質虛寒，很多寒性的食材根本不能碰。

既然做了諮詢，也確實發現了許多需要改善的問題，我當然聽話照做。邱老師說我四條腿的動物除了羊肉以外其他都不能吃（一段時間後又加上了可以吃適量豬肉），兩條腿動物的肉暫時統統都不能碰（因為我長期胃的狀況都不好）。這對我倒還好，我對於肉類本來就沒有特別偏好，這我做得到。

不吃蛋也沒問題，我本來就不太吃蛋。蔥、蒜不可以吃……有點困難但可以接受。但是麵食完全不能碰實在讓我很為難（因為發酵類的食物也可能會讓我的胃不舒服或脹氣），我很愛麵食；雖然不會特別排斥米飯，但我幾乎每天晚餐都是以麵食為主，麵、饅頭、包子都是我的最愛。

所以，剛開始確實有段辛苦的過程，我到傳統市場買羊肉片，豬絞肉做成肉丸子；麵食攤一律避開，以免刺激慾望。挑青菜也有禁忌，偏寒的絕對不可以吃；像我本來非常喜歡吃地瓜葉，但邱老師說地瓜葉太寒，我也只能忌口。

不過，**要怎麼收穫先怎麼栽，短短一個月我就清楚地感受到身體狀況的改善。原本困擾我的睡眠問題消失了，晚上不再睡不好，一覺到天明讓我開心不已，心情也變得穩定許多。**這讓我更有信心，也更努力持續堅持這樣的飲食方式，精神狀況也越來越好了。

每次我們這些志工朋友聊天，聊到生命的話題，我總說我要活到一百二十歲。別人都覺得詫異不已，問我活那麼久幹什麼，那多辛苦呀！

我總回答，因為我熱愛生命，而且生命這般美好，我當然要活到一百二十歲。現在，經過邱老師的指導和飲食觀念的改變，我不只可以朝一百二十歲邁進，而且是——健康地活到一百二十歲！

三、誰說過敏就一定不會好

台灣近幾年來過敏人口節節高升，尤其近十五年來過敏性鼻炎和異位性皮膚炎都已經呈倍數成長，而且甚至有醫學報告，每四個人之中至少就有一個人曾經得過過敏性鼻炎。

❶ 過敏體質先問自己是否嗜吃寒性食物

體質會太寒的形成原因多半會與飲食習慣有關，如果你是一個很愛吃寒性食物的人，就容易體質偏寒。基本上以食物的屬性來分，蔬菜水果都是寒性的，蛋白質是溫暖的，澱粉和水是中性的；而寒性食物又分為比較不寒的根莖花果類，與比較寒的葉菜瓜類。

先瞭解哪些食物是屬於比較寒性的食物，然後檢視自己是否因為嗜吃而常常吃，包括：大白菜、小白菜、大黃瓜、小黃瓜、苦瓜、絲瓜、瓢瓜、冬瓜、地瓜葉、芥菜（包括雪裡紅）、白蘿蔔等寒性食物，以及生菜沙拉、生魚片等生食，另外當然還有冰品類等等。上述的這些食物都可能會讓身體的屬性越來越寒。

如果你特別愛吃寒性的食物，又有過敏的問題，你可能就要考慮先暫時告別這些東西，等到身體調整好了，再讓自己偶爾解解饞，而不要再放縱地餐餐吃、天天吃。

❷鼻子過敏與皮膚過敏該避吃的食物

有可能引起鼻子過敏的食物，則有：蔥、四季豆，以及柑橘類水果（包括橘子、柳丁、香吉士、檸檬、金桔、葡柚、柚子、文旦）等。

可能引起皮膚過敏的原因，則跟上肝火、肝臟解毒功能不良、體質太寒、以及食物引起的過敏有關。

肝火有兩種，可以分為外火和內火。外火多半是吃進去的食物造成的，而內火則跟情緒以及生活習慣有關。

要分辨容易造成外火的食物挺容易的，因為大部分的人都還是有哪些東西吃了會上火的概念，只是你有沒有注意到自己其實是愛吃這些食物：

麻辣、食品添加物、高溫油炸、高溫燒烤、碳烤、高溫烘焙、高溫快炒、爆炒、沙茶、咖哩、紅蔥頭、紅蔥酥、麻油、香油、薑母鴨、麻油雞、羊肉爐、藥燉排骨等。

堅果種子類，包括：芝麻、花生、杏仁、核桃、開心果、南瓜子、葵瓜子、蠶豆、腰果、松子、夏威夷果仁、米漿（含花生）等。

水果類：荔枝、龍眼、榴槤、櫻桃等。

飲料類：咖啡、市售黑糖薑母茶（老薑不去皮會上火）。

內火的原因：情緒壓抑、晚睡。

真人實例：擺脫過敏體體質❶

周湘琦（女）
年齡：43歲
職業：出版社總編輯
主要調養重點：體虛多病、鼻過敏、易怒不耐

大痛小病不再來，揮別過敏體質

從小就很容易感冒，我媽媽甚至很愛提起當年我因為太常跑醫院，以致於醫生一看到我會自動把醫療費打八折（當年沒有健保，一切自費，打八折是可以省下很多錢的），看病看到醫生會打折，可以證明我有多容易生病。

因為生病是家常便飯，早就習以為常，所以也不感覺有

什麼特別的困擾，一向沒有把「健康」當作需要特別注意的事情，甚至認為那是「老人」才會强調的話題，不管是長輩或者朋友勸我要養成早睡早起、定時吃飯、吃健康的食物等等勸告，我都視為嘮叨和囉嗦，左耳進、右耳出地毫不在乎。

另一個從小困擾我的問題，就是「打噴嚏」，每到冬天，早上起床二、三十個噴嚏的打，人還沒醒，就頭昏腦脹起來。

凡事皆有機緣，就在一年前，我的生病頻率變本加厲，從前可能是每逢流行性感冒來襲，我必插上一腳，而每次感冒可能持續十天到兩個禮拜，但後來演變成，只要睡眠不足、壓力較大，我也會感冒；而且常常拖了一個月也不好，再加上氣喘，我的日子沒有一天是覺得舒坦的。

病得如火如荼、工作壓力也如火如荼，我處在一種內外煎熬狀態的同時，因為談Jolin的書而認識了邱老師，有一天我咳嗽到死去活來，我的老闆韓嵩齡從我身邊走過，忍不住說：「你就找邱老師看看呀，你這樣一直病也不是辦法。」一方面軍令如山；另一方面我也實在是病得每天睜開眼睛第一個念頭就是：「我到底什麼時候要死？」或者：「地球為什麼還不爆炸？」之類的極端悲觀情緒。我暗忖，既然每天地球都沒有爆炸，我也死不了，這樣活著實在太痛苦，也許老天一直在給我message，讓我在這時候認識邱老師，不如死馬當活馬醫地去找邱老師諮商一下吧。

因為Jolin的關係，我跟邱老師之前已碰過幾次面，對她的印象只覺得她皮膚白皙、身材結實，有點兒嚴肅卻又很親切，但幾次之後越聊越投機，尤其她講到一些我們現代人習慣用腦袋控制身體，而不去傾聽身體告訴我們什麼之類的道理，讓我深覺值得好好思考；而她告訴我：「身體健康的人心情比較容易保持愉快，你想想看，如果你身上頭痛、背痛、腰痠，走起路來腳有千斤重，這個時候如果有個人跟你擦身而過撞了你一下，你一定會氣得要命；但相反的，如果你心情愉快，身體沒有任何不舒服，人家不小心撞你一下，你就會覺得沒有關係而一笑置之。」這段話真是說到我心坎裡去了，因為一直以來，我個人的形象上是貼著「壞脾氣」

標籤的，唯有一次跟著我工作多年的同事腳扭傷了，她突然很有感觸地對我說：「我發現其實妳的脾氣真的很好，因為我身體才幾天因為腳傷不舒服，我就一直發脾氣，妳每天身體都不舒服，卻才偶爾發脾氣。」這種體己話，還真是聽得我想哭。

但是邱老師告訴我，只要**適當地調養身體，其實包括沒耐性、易怒之類的個性，也會得到改善**。要知道邱老師的諮商，第一次要花三個小時，對於沒有耐性的我可是一大挑戰，但我又左思右想，如果真的能讓我脾氣變好，為什麼不試試？

諮商那天，前面三分之一的時間，用在瞭解我身體所有的不舒服症狀有哪些，以及瞭解造成這些狀況的原因可能各是些什麼，當時的我，也分不清是長期服用感冒藥的關係還是怎麼著，整張臉浮腫得很厲害，邱老師說：「你若乖乖地照著做，臉就一定會小一圈。」接著邱老師開始就造成我那些問題的心理因素而問了我一些問題，我很坦誠地將我人生當中所面對的困境跟邱老師說，她就是有那種讓人信任的特質，說完之後，邱老師給我許多轉換角度看待事情的建議，這當中有許多點讓我有種豁然開朗的感覺。

諮商結束後回家仔細看了一遍邱老師記錄下來的各種症狀以及該吃什麼、暫時忌口什麼，想說就來試三個月吧，因為邱老師調養身體的方式並沒有任何內服的藥物，就算沒有效果，我也不會有什麼損失。第一個月，我意外地瘦了三公斤，我問邱老師原因，邱老師說我當初去找她時就是水腫，所以代表我的身體有在排廢水。然後一轉眼四個月過去，某天朋友問我看邱老師的效果如何？我回首發覺這四個月來，我完全沒有再感冒過，對一個兩三年來不斷感冒的人而言，光是這點就足以讓我覺得邱老師真的很神奇。而早上起床不再打噴嚏，更是讓我有如獲新生的感覺。

然後我還有另一項獲得非常大改善的部分就是「易怒」，我就是那樣不知不覺地減少了發脾氣的機率，而且降低到讓我身邊朋友都嘆為觀止的地步，常常我在敘述我發生的事件時，朋友們會驚訝地瞪大眼珠問：「你沒發脾氣罵人？」我很茫然地搖搖頭反問：「這有什麼好發脾氣的啊？」朋友就會說：「你脾氣怎麼變得這麼好？」原因是他們以我的常態來推斷，在那些狀況下，我一定會發脾氣，但從我的敘述中他們卻發現我沒有，這讓他們覺得嘆為觀止，也因此我的朋友基於成為間接受惠者（變得很少被罵），而也感激起邱老師啦！

我必須承認，要完全百分之百做到邱老師的養生準則，其實並不容易，許多人可能覺得要忌口自己愛吃的食物是件痛苦的事情，我倒沒有這方面的困擾，可能是邱老師有「種」了一個苗在我心裡，因為諮商時她對我說：「**你要告訴自己，我的空虛不需要用吃來填補**。」我是個好强的人，尤其對於自己心靈上的富足是相當要求的，因此我就會想：「呸，我哪有需要用吃來填補空虛。」但我的困擾來自我是個外食族，要每一餐都告訴餐廳的人：「一個韓式拌飯，不加蛋、不要黃豆芽、不要黃瓜、不要加醬……」我實在沒有勇氣以及那麼勤勞。我只會重點式地選擇避免可能影響我過敏以及上火的主要食物，但其實，這是我自己「假會」，因此我還是有些症狀無法達到邱老師要求的狀態。

像是不久前我的氣喘大發，邱老師知道後質疑地問我有沒有吃什麼不該吃的東西，坦白說，「我自己認為」不該吃的是真的沒有吃；但邱老師認為不該吃的，我大概只有做到百分之四十，對於那些無法改善的問題，我心裡很清楚是自己的努力不夠。但即便我只做到百分之四十，我的健康還是得到很大的進步，像是精神比較好、身體不再有那麼多小病痛，心情自然也就比較好，很少很少再感冒，說真的，我已經很滿足了！畢竟我不是Jolin，沒有那種為求美麗而屹立不搖的決心。

能夠認識邱老師，我依然相信是某種奇妙的機緣，邱老師改善了我的身體和壞脾氣，她的養生使命便是我的福氣，哈哈（希望邱老師不要祝福我「心寬體胖」，哈哈！）。

真人實例：擺脫過敏體體質❷

劉先生
年齡：30歲
職業：科技業
主要調養重點：濕疹、鼻過敏、睡眠差、體力不濟

黑白人生靠吃就能變彩色的

我的生活單純，作息正常，每天就是上班、下班。因為工作其實挺忙，所以也沒太多的休閒活動。主要原因也可能是工作太累，所以精神壓力很大，每天過中午就累了，下午精神不濟，晚上回到家也就累癱了。

除了這樣，我自己的身體狀況本來就不太好，從小就困

擾著我的鼻過敏經常讓我噴嚏不斷，氣候變換也會讓我的鼻子很不好過。另外一個讓我頭痛不已的問題是濕疹，每到換季，紅紅的小疹子就爭相冒出頭，搔癢難耐，我常忍不住抓到皮膚紅腫，一條條的抓痕，不知情的人還以為是家暴呢！

我和我老婆都有胃不舒服的毛病，我想應該是工作壓力大吧，現代人不都這樣嘛！但是，這樣的生活品質真的很糟，我們夫妻倆還沒小孩，現在就已經是這樣過日子，有了小孩後呢？這樣的體力如何兼顧工作和家庭呢？

後來老婆和我討論要不要去找邱老師諮詢，一方面是濕疹和體力差、睡眠品質不好真的讓我很困擾，另一方面是我和老婆正計畫懷孕，但如果照我倆目前這樣的身體狀況，我們也很擔心如果懷孕會不會影響小寶寶未來的健康。邱老師是透過老婆的好朋友介紹的，她的好朋友我也很熟，我們夫妻倆清楚地看到這位朋友經由邱老師的指導在身體上呈現的改變，因此也很期待經過邱老師的諮詢指導後，可以讓我們的人生從此由黑白變成彩色。

當我向邱老師提到深深困擾我的鼻過敏和濕疹時，邱老師告訴我，**通常鼻子過敏的人，主要原因是因為體質太寒，此外也有很多人是因為食物而引起的過敏**。而體質會太寒的原因，其實根源也在於飲食習慣，如果我們長期攝取過多的寒性食物，如：白菜、黃瓜、苦瓜、冬瓜，還有芥菜、白蘿蔔、生菜沙拉、生魚片、冰品等等，都會讓身體越來越寒。而通常會引發鼻子過敏的食物也一定要避免，像是蔥、四季豆還有柑橘類水果等等都是。而**皮膚過敏的原因，通常都是因為肝火旺盛、肝臟解毒功能變差有關，而體質太寒和食物引起的過敏也是原因之一**。

而提到肝火，邱老師還特別說明，導致肝火旺盛的原因不只是食物造成的，因為肝火還可分為外火和內火，外火通常是我們吃進不對的食物造成的，而內火則跟情緒及生活習慣有關。然後邱老師還舉了很多會引起外火的食物，我記得有麻辣的食物啦，高溫油炸、燒烤或者高溫快炒的啦，還有沙茶、咖哩、麻油等等。還有像堅果類的芝麻、花生、開心果啊，都是會促成外火上升。

說真的，其實我當初越聽越糊塗，雖然邱老師說得很有道理，但是這麼多的飲食禁忌，我們到底要怎麼吃才會吃對啊！而且糟糕的是，經過邱老師的分析，我們才發現原來我們之前習慣的飲食（包括我們自以為吃得很健康的飲食），原來統統是錯的，也正是因為這些飲食習慣才會造成我目前身體的慘狀。

「你們夫妻倆的體質都偏寒，所以我交代的這些食物都是要避免的。還有蛋、牛奶、黃豆類製品對你們的體質來說都是過敏原，你們也不能吃哦！」邱老師望著我們，眼神非常堅定。

「那……我們到底還有什麼東西可以吃啊？」我看到老婆臉上神情充滿了錯愕和焦慮，我猜我的表情也不遑多讓。

「很多東西可以吃啊！」邱老師攤開了她的食譜建議，「重點是吃對食物。」

「那……零食可以吃嗎？」我們夫妻倆都還滿愛吃零食的，工作累了回到家，吃點零食配電視是唯一可憐的享受。

「你覺得呢？」邱老師反問。

「呃……哦！」看來當然是不行了。我可憐的消遣啊！

「其實你們不用這麼擔心。」邱老師鼓勵我們夫妻，「剛開始實行這樣的飲食計畫也許不太習慣，能做到一百分當然最好，可是如果做不到也不用太自責，只要朝目標努力，慢慢習慣了，就算零食放在你們的面前，你們也不會想吃，因為你們的身體會很自然地選擇對你們好的食物。」

咦？這麼神哦？雖然有點半信半疑，不過既然抱著決心要找回健康的身體，當然就應該貫徹實行邱老師教我們的飲食計畫。因此，我們夫妻回到家的第一件事就是清冰箱，把可以吃的和不可以吃的做分類，能吃的留下來，不能吃的就送給別人吃。然後下一件事就是出發尋找我們可以吃的麵包。為什麼要找可以吃的麵包？因為邱老師說蛋對我來說是過敏原，而大部分的麵包其實都是蛋製品，我們問了一家又一家，要找出沒有加蛋製作的麵包，有些店員搞不清楚還得請出麵包師傅給我們答案。當然，皇天不負苦心人，終於讓我們找到了不加蛋的吐司，也找到了好吃的法國麵包呢！

早餐解決了，中餐就由老婆幫我準備便當。如果前一天老婆來不及準備，那也沒關係，公司的自助餐一樣可以讓我飽餐一頓，只要過濾掉不適合的食物，太油的食物我就準備一碗熱開水，把食物過水了再吃。同事們看到我這樣把菜餚過油再吃，一開始覺得有點誇張，但當他們發現被我過過水的碗中浮滿了厚厚的一層油，也開始有樣學樣。

依照邱老師的攝取建議，才不到一個月，我就發現我瞬間減輕了五公斤。真的不誇張，一個月減了五公斤欸！後來邱老師告訴我，其實我減去的都是水分，因為我是水腫體質，雖然看起來不胖，但是多少還是給人「大隻」的印象，因為身體變暖了，水分漸漸排除，基礎代謝率提高，體重當然減輕了。水分持續排除的結果，我總共消掉了十多公斤的體重，身材也變得更好了。最重要的是我的濕疹自動消失，我的身體不再有抓痕，而且體力也變好，每天工作完回到家依舊精力旺盛。最近的好消息是，老婆懷孕了，我準備當爸爸了。當然，下一步就是再去請教邱老師，好好地為老婆在懷孕期中做調理，準備迎接健康寶寶的誕生！

四、一肚子的××，你心情怎麼可能會好？

可不要害羞或者忽略這個每天都該進行的活動——「排便」，首先我們應該養成每天在一個固定的時間來妥善處理這件事情，並且要多看它兩眼，觀察它的顏色、形狀和軟硬的程度。

我碰過的諮商對像，十之八九都有排便上的問題，尤其是「便祕」更是許多上班族共通的心頭之痛，我有個諮商對象就跟我說：「你不知道每天一肚子的××真的很讓人不舒服，心情也會跟著『結歸球』！」想要解決這種「牽腸掛肚」的問題，就得要先「消火」，也就是先解決關於肝火以及腸火的問題。

因為在生理上可能造成排便不順的原因多半是：上火（包括肝火與腸火），再來就是心臟無力、腸子蠕動過慢造成沒有便意，或有便意卻大不出來。

❶避免內火外火一起燒

關於肝火的內火與外火分別，在前面已經提過，因此依舊是先要提醒自己，不要常常吃容易引起肝火的食物。

外火是外在吃進體內的食物所造成，例如嗜吃：麻辣、香油及食品添加物、高溫油炸、高溫燒烤、碳烤、高溫烘焙、高溫快炒、爆炒、沙茶、咖哩、紅蔥頭、紅蔥酥、麻油、薑母鴨、麻油雞、羊肉爐、藥燉排骨等。

堅果種子類，包括：芝麻、花生、杏仁、核桃、開心果、南瓜子、葵瓜子、蠶豆、腰果、松子、夏威夷果仁、米漿（含花生）等。

水果類：荔枝、龍眼、榴槤、櫻桃等。

飲料類：咖啡、市售黑糖薑母茶（老薑沒去皮會上火）。

引起內火的原因則是因為情緒壓抑、晚睡。因此要解決肝火的問題，除了避吃上火的食物之外，要記得養成對自己好的生活習慣，以及照顧自己的情緒。

❷ 腸火的辨別方式與避吃的食物

我的諮商對像好像多半對腸火比較沒有概念，因此在這裡先讓大家知道，上腸火的症狀一般會是些什麼？你自己也可以檢視是否也因為這個問題而造成排便不順。

上腸火的症狀要先從觀察自己的排便物做起，是否有：羊屎便（就是形狀是一小顆一小顆的）、色深、臭、黏；再來看看自己的全身皮膚是否有：嘴唇乾、脫皮，下唇紅，手上易長老人斑，小腿下半截至腳踝的皮膚粗糙和乾燥、長斑和小紅點。

如果你有以上所敘述的症狀，代表腸子中的腐敗菌多，也就是毒素比較多。那麼你就該避吃可能上腸火的食物：

蛋類製品（包括雞蛋、鵪鶉蛋、鴨蛋、皮蛋、鹹蛋、鐵蛋、蛋糕、蛋捲、蛋餅、泡芙、布丁、茶碗蒸、美乃滋、銅鑼燒、牛軋糖、蛋黃酥、蛋蜜汁、鳳梨酥、含蛋的餅乾麵包等西點）、蒜頭（包括蒜苗）、韭菜（包括韭黃）、蝦子（包括蝦米）。

❸心臟無力和腸子蠕動過慢，可是牽一髮而動全身的

長期優質蛋白及澱粉類食物攝取不足有可能是造成心臟無力、腸子蠕動過慢的原因；心臟無力，腸子蠕動就會變慢、腸子蠕動變慢，我們吃進肚子裡的食物就會積好幾天才慢慢蠕動到直腸，然後你才會感覺有便意。許多長期減肥的人最容易有便祕的狀況，就是因為缺乏心臟主要需要的優質蛋白及澱粉。

另外便祕的原因還有一種可能，就是對魚和貝殼類的海鮮過敏；可以仔細記錄是否在吃過魚或者貝殼類的海鮮後容易有便祕的狀況發生。

除了出不來的問題之外，關於便便的困擾還有另一種，就是容易拉肚子。

容易拉肚子跟體質太寒也有關係，這類型的人可能一天上大號一次以上，第一次可能成形但偏軟，第二次就開始不成形，到了第三次可能就拉水了；若是這樣你可以看看身上是否有明顯的水腫現象。這種狀況，有一些人是因胃腸蠕動太快，而有腸躁，有可能是嚴重缺鈣，因為鈣可以安定神經；另外一種原因則是腸子慢性發炎，只要吃到一點點不乾淨的東西就會拉肚子，而嗜吃刺激性的食物，如麻辣等也會刺激腸子蠕動過快而導致腹瀉。

最後，總還是跟情緒有關，過度焦慮與緊張也會造成拉肚子，所以我們真的要由內而外地關心以及照顧自己，才能解決這「牽腸掛肚」的困擾。

真人實例：搞定腹瀉與便祕

翁子琁（女）
年齡：31歲
職業：高爾夫球員
主要調養重點：胃脹腹瀉、體力不夠、專注力不夠

良好的體力、耐力，讓我保持最佳狀態

邱老師帶給我的改變真的非常大！當初會去找邱老師諮詢，主要是因為有感於現在的運動員競爭越來越激烈，要求標準也越來越嚴格，希望藉由邱老師的指導能夠幫助我提升體耐力。我是一個職業高爾夫球選手，邱老師之前曾經指導過另一位同樣在打高爾夫球的朋友，看到朋友在邱老師指導下產生的改變讓我覺得很驚訝，細問之下才知道只不過是飲

食上的改變，居然可以有這麼大的效果。

對一個高爾夫球選手而言，身體的狀況對於球賽的進行有很大的影響，而且一場賽事進行的時間非常長，如果體力不夠，專注力不夠，只要一個小缺失，都會造成結果極大的差異。

我的腸胃狀況很不好，這也是讓我很頭痛的問題。平常不管是吃飽或是肚子餓都會覺得胃很脹很不舒服，還會不停打嗝。這情形讓我很困擾，即便我的打球技巧再好，每每在比賽進行時，這些症狀就會讓我很難發揮專注力，影響成績，造成我相當大的困擾。再加上不知道是否因為面對比賽的壓力很大，我每次遇到比賽時都幾乎會拉肚子，這更慘，不管我再怎麼補充體力，肚子一拉，體力全沒了，讓我非常懊惱。

和邱老師見面後，讓我發現到，原來長期錯誤的飲食模式，真正帶給我的影響遠遠不只是我所看到的那麼簡單。譬如我的腸胃狀況不好、容易拉肚子，其實就是因為我的腸胃本來就很敏感，偏偏我又老是吃進讓我的腸胃會過敏的食物，結果當然很慘。而且攝取偏寒的食物加上面對比賽壓力，當然是每遇賽事必定拉肚子。

最讓我訝異的是，**身為運動選手，過去我一直認為是對我身體有幫助、可以增加我的體力和專注力的食物，竟然是造成我無法好好比賽最大的元凶！過去我為了能夠讓自己有好體力，幾乎每天一定會吃蛋、喝牛奶或豆漿，沒想到這些食物對我來說統統是不對的**。

「可是蛋不是很好的精力來源嗎？牛奶、豆漿不是最營養的食物嗎？」這真的讓我很傻眼，有點無法接受。

在邱老師的解說下，我仔細回想，每次胃脹得難受的時候，這些類型的食物好像確實出現在我的飲食菜單裡。

原來就是這些食物造成我每天胃不舒服呀！而我過去總認為肉要少吃，多吃青菜、水果，這樣才能擁有好身材，沒想到這也是自以為是、大錯特錯的觀念。

「這樣也不對嗎？電視廣告不是每次都在說什麼健康五蔬果之類的，不是要多吃蔬菜水果比較好嗎？還有那些什麼高血脂、心血管疾病，不都是因為愛吃肉造成的嗎？」

老天！原來蔬果可以吃，但不是百無禁忌地吃；像我體質偏寒，常常手腳冰冷，如果吃進了偏寒的蔬果，反而會讓自己的身體更寒，連帶的身體五臟六腑都會受到影響。至於肉類，邱老師強調**肉類是最好的蛋白質來源，而且四隻腳的勝過兩隻腳的，兩隻腳的勝過沒有腳的。而且一般所謂高血脂、心血管疾病，往往都是因為攝取肉類過量，而且攝取的不是優質蛋白質。**因為我們大部分人在烹調食物時往往都烹煮過頭，不是把肉煮得太久，就是溫度太高、太油、太鹹，結果都把原本的蛋白質營養變成了廢物，食物變成毒藥；把毒藥吃下肚，當然是要生病了。

此外，**我還發現我每天晚上很難入睡也是吃錯食物的結果。還有我很容易不耐煩，居然也是因為沒有吃對食物。**哈！我過去一直以為晚上難入睡是因為我心事太多、想太多，壓力太大，才會輾轉難眠，沒想到原因竟然完全出乎意料。我也總覺得自己這麼容易不耐煩是因為自己難搞，天生個性所致，其實根本是生理影響心理。

邱老師建議我每天一定要吃到足夠的攝取量，不管是青菜、肉類、米飯，都要吃，而且最好早餐也是這樣吃；至於其他不能吃的食物一定要避免。這其實稍微有點困難度，因為我的職業關係，比賽常常南征北討，自己在家動手做飯的機會其實不太多。還好和我同行的好友也一起接受邱老師的諮詢，雖然我們兩人的飲食禁忌有些不同，但彼此鼓勵、彼此打氣，改變飲食習慣的動力也就變强了。

基本上，我讓自己的飲食盡量單純，這樣烹調起來比較不費力；所以通常我早上就是一碗青菜、一碗肉，全部都是水煮，而且都只煮幾分鐘，熟了就離火，再外加半碗白米飯。如果是外食的情況，我就選擇不加蛋的三明治或是貝果、法國麵包等等。反正就是依照邱老師的指示，方便的話就用小火鍋涮肉、涮青菜配白米飯，謝絕蔥、蒜、蛋，沙茶醬不碰，佐點清醬油就很美味了。如果沒有火鍋可以選擇，那也沒關係，自助餐的料理過水後一樣可以飽餐一頓。

我必須說，這真的很神奇，這樣的飲食改變不到一個星期我就感受到效果。我可以感覺到每天早起變得比較有精神了，白天變得很有活力，不像過去動不動就累了，只能靠意志力硬撐。還有情緒也變得穩定多了，不會再動不動就不耐煩。接著，我的臉變尖了，身上的肉變得更緊實。更棒的是，皮膚變得越來越好。身為高爾夫球選手，幾乎每天都要面對無情地風吹、日曬、雨淋，幾乎每十個高爾夫球選手就十個人皮膚有問題，這是職業使然，誰都逃不過，沒想到其實只要簡單的飲食改變，居然就讓皮膚回歸到最佳狀態，看來當初怨天、怨地、怨大自然是錯怪，其實真正的根本是人禍，根本就是我們自己吃錯食物荼毒自己，卻怪太陽、怪風、怪雨。

現在的我，一直讓自己保持在最佳狀態，不管是練習或是面對比賽，我有足夠的體力和耐力面對，也有絕對的專注力揮出最好的成績。

五、你是被水撐胖的，還是真的胖？

早上起床看見一張浮腫的面孔，的確很令人沮喪；莫名的臉就大了一圈，且是泡泡的感覺，看起來立刻老了三歲，誰能夠不呼天搶地？尤其碰到人家一句：「你是不是最近胖了？」更是生命中無法承受之關心，怎不令人搥心肝！

而許多上班族在經過一整天久坐辦公室或者是站了數小時之後，小腿和腳也會腫脹不舒服，這些水腫的狀況，不單只是許多女生的困擾，其實很多男生也一樣有這樣的煩惱。很多人會問：「那我們要怎麼分辨自己究竟是水腫還是真的肥胖？」一般來講，水腫型的肥胖身體會泡泡的、肌肉摸起來軟軟的像吐司麵包泡在水裡那樣，而正常的肌肉摸起來應該是QQ的、緊實而有彈性。所以你可以自己摸摸看身上的肉究竟是哪一種觸感。

一般人可能會認為胖就是胖，殊不知胖的部位不一樣，形成的原因也不一樣，所以在調整身體的時候，針對的方式也就會不一樣。大致上來說肥胖可以分為五種類型：

水腫型肥胖、脂肪型肥胖、下半身肥胖、中廣型肥胖，和下腹部及大腿肥胖。

通常在調整肥胖問題的時候，我會建議先消水腫，等水腫消除後，接著才是真正要對付的脂肪。所以我們就先來了解如何把讓你臉型和身材浮腫的元凶找出來。

❶水腫型肥胖

水腫的成因絕大部分是因為寒性食物吃太多使體質太寒，以及優質蛋白攝取不足造成心臟、腎臟功能不良而影響基礎代謝率變差，體內多餘的水分就會無法排掉；還有一點就是你實際上攝取的水分是否足夠而又不會過量。要想改善容易水腫的體質，就得針對這四大點來下手：一、忌口上火的食物；二、少吃會造成體質偏寒的食物；三、盡量避免生食；四、避吃冰品。

上火的食物包括：

堅果種子類：包括芝麻、花生、杏仁、核桃、開心果、南瓜子、葵瓜子、蠶豆、腰果、松子、夏威夷果仁、米漿（含花生）等。

水果類：荔枝、龍眼、榴槤、櫻桃等。

飲料類：咖啡、市售黑糖薑母茶。

造成體質太寒的寒性食物包括：

大白菜、小白菜、大黃瓜、小黃瓜、苦瓜、絲瓜、瓢瓜、冬瓜、芥菜（包括雪裡紅）、白蘿蔔等寒性食物，以及生菜沙拉、生魚片等生食、冰品之類的，都可能會讓身體的屬性越來越寒。

關於水分的攝取方面，正常人從早上起床到晚上九點以前，冬天的時候建議攝取1,800CC.左右（包括喝湯、喝飲料等全部的水分）、夏天時則建議攝取2,000CC.，晚上九點以後則應該要克制飲水量，覺得渴時一口水含在口中，過一會兒再慢慢吞下去。

要記得攝取優質的蛋白質，相信大部分的人應該知道蛋白質有五大類：魚、肉、豆、蛋、奶，攝取蛋白質時，要注意盡量不要高温烹調超過十五～二十分鐘，以免變成劣質蛋白（也就是身體酸毒的由來）。

另外可以多泡澡和泡腳（高血壓、心血管疾病、糖尿病患者不適用）來促進血液循環，幫助新陳代謝。

消除水腫的小妙方：**溫薑汁**

材料：老薑一斤

作法：

1.老薑去皮、切小塊。

2.放入果菜機中加入蓋過薑塊的水打成薑汁。

3.把渣濾掉，打好的薑汁以大火煮滾，放冷後裝入玻璃瓶。

吃法：

每天早上起床一湯匙薑汁加一茶匙果寡糖加50～100 CC.熱開水，空腹飲用（有胃潰瘍發作、胃正在發炎時先暫時停用；女性經血量過多者，經期間停用）。

PS.薑汁對皮膚和鼻子過敏也有幫助。

❷脂肪型肥胖

一般外表看起來有肥胖感的人，建議在瘦身的過程中，以階段式方式進行，先把水腫消掉，二~三個月的時間內感覺身體的肌肉較有緊實的感覺，表示應該已經瘦了一大圈，剩下來的，才是真正要對付的脂肪。

這時候我們就要觀察每個人脂肪堆積的部位，不一定每個人相同，如果說脂肪堆積的部位在手臂、肩背，我們會先建議忌口蛋類製品一段時間、認真攝取優質蛋白、紅豆伏苓蓮子湯，如果想要更快速地讓身體瘦下來，可以藉由局部推脂的方式來幫忙得到效果。

如果是腰部肥胖，就要先忌口上肝火的食物，注意負面情緒的調整，以及不要熬夜。再配合局部推脂就可以很快地瘦下來。

❸下半身肥胖

東方人很容易是這種所謂的梨型身材，也就是下半身肥胖型。而這種類型的肥胖要如何來調整呢？

和水腫一樣要先忌口寒性食物、冰品、生食一段時間，並且配合每天早上起床先喝薑汁（請參考P154「溫薑汁」作法及用法），然後可將紅豆伏苓蓮子湯當做點心吃，再配合泡澡或泡腳來加强新陳代謝。

泡澡的時候水深最好以不超過心臟為原則、肩部注意保暖（可以潑熱水或蓋毛巾）；水溫以腳放進去不會刺痛為原則，泡十五～二十分鐘。泡完澡擦乾身體後，先穿上吸汗的浴袍或棉質衣服，因為通常泡完澡之後我們的身體會持續發汗十～十五分鐘，此時要特別注意不要吹到風，所以最好等發完汗後再換上一般衣服。

泡腳的方法則是水溫以腳放進去不會刺痛，水位到小腿的一半或膝蓋以下為原則，泡十五～二十分鐘，但是女生若經血量大，就不建議在經期時泡腳。另外一般性原則：有心血管疾病、高血壓、糖尿病等患者，不建議泡澡或泡腳。

最佳打擊水腫的好幫手：紅豆伏苓蓮子湯

材料：紅豆一杯半、伏苓三大片、蓮子150g、二號砂糖適量

作法：

1.紅豆一杯半（量米杯）洗淨泡水兩小時、伏苓掌心大三片剝成指甲大小後泡水兩小時、蓮子洗淨備用。

2.把泡好的紅豆和伏苓放入大同電鍋內鍋，內鍋水加到七～八分滿，外鍋四杯水，按下開關。

3.跳起來後，加入蓮子，外鍋再加一杯水，煮好後加入適量的二號砂糖。

吃法：

每日一飯碗，可當平日點心，或代替三餐中其中一餐的澱粉。

❹ 中廣型肥胖

中廣型的肥胖跟某品牌的感冒藥一樣，又分為三種，可以分為上層、中層以及下層，下層就形成下一段會提到的下腹部及大腿肥胖。

上層是胸部以下至肚臍以上特別突出肥胖者，這種型通常都是因為吃飯吃太快，以及有暴食的傾向，建議這類型的人要訓練自己，每一口食物至少咀嚼三十下才嚥下去，更要學習注意及調整自己的情緒，不要用吃來發洩壓力或者得到虛幻的滿足。

另外要特別注意忌口會脹氣的食物一段時間，例如：黃豆製品（包括：黃豆製品如豆干、豆皮、豆腐、豆花、豆漿、黃豆芽、蘭花干、素雞、素肉、味噌、毛豆、納豆、素火腿、黑豆、黑豆漿、豆豉等）以及黃豆蛋白製品、糯米類（麻糬、粽子、油飯、米糕、湯圓、飯糰、紫米、糯米腸、豬血糕、草仔粿、紅龜粿等）、竹筍（包括筍絲、筍干等）、奶製品（包括：調味乳、優酪乳相關產品、起司、冰淇淋、煉乳、高蛋白牛奶製品、乳清蛋白等）、五穀雜糧類

（包括小麥、大麥、燕麥、蕎麥、黑麥、小麥胚芽、全麥麵粉製品、糙米、胚芽米等）。

中層以肚臍為圓心一圈救生圈的中廣型肥胖，這一類型大多同時有內臟肥胖的問題（例如脂肪肝）。

救生圈形成的原因絕大部分跟上肝火有關，所以我們可以先檢視自己是不是有嗜吃上肝火的食物，如麻辣、香油及食品添加物、高溫油炸、高溫燒烤、碳烤、高溫烘焙、高溫快炒、爆炒、沙茶、咖哩、紅蔥頭、紅蔥酥、麻油、薑母鴨、麻油雞、羊肉爐、藥燉排骨等。

同時還有要忌口上火的食物：

堅果種子類，包括：芝麻、花生、杏仁、核桃、開心果、南瓜子、葵瓜子、蠶豆、腰果、松子、夏威夷果仁、米漿（含花生）等。

水果類的則有：荔枝、龍眼、榴槤、櫻桃等。

飲料類則有：咖啡、市售黑糖薑母茶。

至於生活習慣和情緒上的影響，要注意是否有長期熬夜以及長期困擾或壓抑情緒的問題。

絕大部分的現代人，最大的問題就是忽視對自己情緒的照顧，在我的諮商經驗中，常常發現有一些人因為長期營養攝取不足，或者長期攝取對自己不適合的食物，造成某一些身體的狀況，這些身體不舒服的感覺會造成某些情緒問題，甚至影響他面對事情的態度。而這些比較負面的反應和態度，會再創造出更多的情緒困擾，這些情緒困擾反過來再影響身體，變為一種身體與情緒相互交錯的負面影響，造成身體狀態每下愈況的惡性循環，所以請大家調整自己身體健康的同時，也花一些心力學習調整和照顧自己的情緒。

每一個想要身體健康的人，請先學習把自己的身體當成情人來照顧，而不是把它當成僕人一樣的來使用。我一直深深相信，我們為身體所付出的每一分努力，它一定會回報給你，只會更多，不會更少。

❺下腹部及大腿肥胖

這類型的人通常也會有大腿肥胖的問題，它形成的原因通常和體質太寒、基礎代謝率太差有關，所以我們要注意攝取優質蛋白以及身體需要的各種營養，不要刻意節食，而是尋求專業老師的建議，依據你的體質究竟應該忌口哪些食物，以及需要攝取哪些食物。

想要調整下腹部肥胖一定要先忌口冰品和生食，晚上也盡量不要吃葉菜類（可以吃根莖花果類的蔬菜）和水果，薑汁和紅豆伏苓蓮子湯也要認真攝取，泡澡或泡腳會有幫助，再加上局部推脂，想瘦哪裡就可以瘦哪裡啦！

真人實例：拒當肥胖者❶

韓嵩齡（男）
年齡：43歲
職業：出版社總經理
主要調養重點：過敏、蕁麻疹、內臟肥胖、中廣型肥胖

從內臟開始瘦身，擺脫腰圈肥油

認識邱老師這位健康貴人，真要感謝引薦我出版《養瘦》一書的葛福鴻小姐，以及我的作者、天后蔡依林同學。

我和Jolin見面談出版《養瘦》這本書前，心裡其實也是打著個大問號：Jolin這麼瘦，她需要減肥嗎？傳說中她有超乎常人的意志力，她的減肥方法，適合一般讀者嗎？

但和Jolin見面之後，讓我驚訝的是，雖然貴為天后，但講到食物的營養成分、營養素對人體的影響，健康養生的概念，Jolin彷佛《健康×點靈》或《××同學會》等健康節目裡的名嘴一般，專業知識琅琅上口，非常具有說服力。

蔡同學口中不斷提及「邱老師」，感激之情溢於言表，我對這位專門「收服」藝人，讓天王天后絡繹不絕求教門下的養生老師，感到無比好奇。

為了做書，我理所當然地拜訪了邱老師，甚至到她位於新店山區生活的「蝸居」，深談了六個小時，邱老師提到她因開刀一度右手癱瘓，故因病而學醫，人生故事精彩十足。也談到她對名人客戶的不假辭色，並不因對方的身分地位即降格以求，許多影劇圈的大哥、天王、天后，一旦飲食放縱，不僅被她「罵假的」，甚至苦勸不聽者，她還會將對方列為「拒絕往來戶」。

我也跟邱老師說，我從小就瘦，從來沒被肥胖問題困擾過，但人到中年，也開始有了中廣的肚子，但因四肢和臉都不胖，對減肥這件事難免有惰性，只要不穿合身的衣服，冬天外套一遮，其實也沒啥壓力。

其實，早幾年前我也曾經試過其他的減肥方法，例如，Jolin也嘗試過的蘋果餐。

我身高177公分，體重常年維持在68到70公斤左右，從數字上來看，我的體重非常標準，並不需要減重。

但是，在三十七歲的那年，長久來記者生活的晨昏顛倒，應酬吃喝，彷彿身體一下子承受不住的現世報，體重飆升到75公斤，免疫力下降，還得了帶狀皰疹（老人家說的皮蛇），身體狀況頓時變得很糟糕。

那時我開始採行「蘋果餐」，報社工作都是中午上班，我到辦公室就先吃一顆蘋果，吃蘋果的好處在於有飽足感，之後的兩小時的確不會想吃東西，但飽得快餓得也快，下午餓的時候就吃點蘇打餅乾，凹到晚上才吃第一餐。

持續了幾個月下來，好不容易才把體重壓到之前70公斤左右的水準，但是，我的身體狀況並沒有好轉，過敏、蕁痳疹等慢性病仍然困擾著我。

更令人沮喪的是，我的腰圍並沒有縮小！體重雖然減了下來，但臉和肚子都沒瘦。對於我們這種本來就不胖的人來說，減肥原本就少了一些動力，之後自行車熱潮時，也嘗試過運動減重，但都很難瘦到關鍵性的肚子，腰圍上的那一圈肥油，就伴著我突破人生的四十大關。

我一直很想出版關於「內臟肥胖」的書。年過四十之後，體檢是所有中年男人的共同課題，同學會經常都是以體檢表裡面的數字當作聊天開頭，每年的健檢報告出來，所有醫師的評語都一樣：「體重雖正常但體脂肪過高，內臟脂肪和腹部肥胖率都過高，有中度脂肪肝，總膽固醇和三酸甘油酯皆偏高」。

內臟肥胖跟肚子上的那圈肥油息息相關，肚子不減下來，脂肪肝和膽固醇就如影隨形，原因說來容易，花錢做檢查醫生就會告訴你，但要減下來何其困難，我們總是禁不起美食的誘惑，餓肚子瘦身也太不人道。

邱老師勸我，脂肪肝問題不能等閒視之，肝臟是人體消化脂肪最重要的器官，讓肝臟恢復正常的運作，減重倒是其次，對我工作壓力產生的焦慮，諸如蕁麻疹之類的小毛病會有很大的幫助。

「你的問題就是上火，只要從飲食上下手，很快就會有改善」，邱老師諄諄教誨，顯然對我比對影劇圈的大牌們寬容得多。

聽了邱老師的養生理論，我也很想一試，但記者的天生反骨，又讓我很掙扎：

「她不是醫師，這一套值得信賴嗎？」

「正常吃喝也能瘦？聽起來好像電視購物台的推銷術

語？」

於是，從新店下山後，去找邱老師諮商這件事，又被我暫時擱在一旁。

一直到今年五月，離我去拜訪邱老師已過半年，當時，Jolin的《養瘦》一書正如火如荼地進入收尾的關鍵，我們的總編輯周湘琦跟我討論編務時，突然跟我說：「你什麼時候要去找邱老師啊？」她說，她經過邱老師的半年調養，身體狀況有很明顯地改善，當然，跟湘琦同事多年，她這幾個月的改善我的確都看在眼底，再加上出書將近，總覺得該為自己出版的書負責，總該神農嘗百草的人體試驗一下，有效，我賣書也賣得理所當然，心安理得！

於是，我跟邱老師約了諮商，並且力行她給我的「養生食譜」。**邱老師傳授的方法從科學的角度很能說服我，因為原理跟衛生署推薦的「倒金字塔飲食法」有異曲同工之妙，要我早上吃得多，且蛋白質、澱粉、蔬菜與水果都要吃。和西醫的營養學不同之處，在於她開給我一長串的清單，要我避免吃到「上火食物」，以免增加肝臟的負擔。**

這份菜單說來容易，但真執行起來，其實考驗人的惰性。常年晚睡晚起的習慣，通常早上的第一餐食慾都不好，以前大多僅用一杯咖啡果腹，到中午再吃，但現在要一大早起床，自己或涮或炒新鮮的肉片及蔬菜，吃的份量極大，就算再沒有食慾也只能強迫自己慢慢吃下去，邱老師說得有道理：「你的工作需要大量的思考，沒有足夠澱粉攝取轉化成熱量，足夠的蛋白質補充，就無法負荷一天所需，只會讓你的身體陷入惡性循環。」

一開始抱著姑且一試、為書求證的心態嘗試，但吃了兩周，我突然發現皮帶縮了一格，這才跑去量體重，原來不知不覺體重掉了三公斤，腰圍小了兩吋，我最在意的體脂肪也降到了21％，這一切僅僅花了十四天！簡直讓我無法置信。

繼續堅持下去，好處更多。原本覺得早上花一小時吃飯這件事，非常浪費時間，不但要花時間料理，而且還要細嚼慢嚥地慢慢吃，但久了以後發現，這些時間並沒有浪費，因為當身體攝取了足夠的營養素後，一上班就能直接進入狀況，跟以往到辦公室以後仍需要一段時間「暖機」才能全神貫注的情形大不相同，同樣時間的工作效率更高呢。

改變飲食習慣兩個月之後，我達到第一次身體細胞修復前的顛峰狀態，體重63.5kg，體脂肪17.5%！腰圍小到我不得不在沒有任何打折的情況下，在百貨公司買了當季貴森森的專櫃牛仔褲。原因？因為牛仔褲都鬆啦！我現在要穿美版29腰，日版30腰，這種夢幻腰圍，從我結婚以後，已經整整消失十五年！而這一切，竟然只花了兩個月，更加讓我無法置信。

這些數字是近十年來深為腹部及內臟肥胖所困擾的我所不敢想像的，更重要的是，我並沒有餓肚子、吃可能會有副作用的減肥藥，或嘗試任何荒誕不經的減肥方式，這套飲食方法，跟一般日常吃的食物幾乎沒有差別，重點只在於避掉引起上火（西醫的細胞慢性發炎）的食物，嚴格地控制口腹之慾，避免吃進高溫或油炸所料理的食物，雖然有點辛苦，也不是馬上見效，但起碼這種方法不用讓身體冒著任何不健康的風險。

邱老師的諮商很有特色的地方在於，她告訴我，中醫裡說的「望聞問切」，「望聞問」在前，把脈的「切」反而在最後，所以她花很長的時間，問客戶很多問題，**瞭解生活習慣、工作壓力，這些乍看之下跟健康無關，但卻無時無刻在影響人體「小宇宙」的運行**，她說，把小宇宙運行順暢，身體自然能保持在最佳狀態，進而人生與工作也會跟著轉變。

一開始我對於她這種論述，多少是抱著懷疑的看法，我以前常常覺得，人之所以會胖，都是因為意志力鬆弛、惰性，換言之，是自己不努力控制，才會有此結果。放在工作上，我也覺得，成效不好，是不努力的結果，別人一天工作八小時，你只要每天多在辦公室待四小時，一定會贏，長期這樣下來，我理所當然地忘記，到底工作時間比人家長，是達到成功的手段還是目的？理論上這是一種手段，但久而久之，長時間工作變成「求心安」，手段變成目的，對工作效率無益，無形中也對身體帶來壓力。

我一開始對邱老師的建議，會感覺到時間無法配合，浪費這麼多時間在吃飯上？那我豈不是要在辦公室裡待得更晚才能下班？邱老師卻告訴我，「誰告訴你，工作時間長就等於業績一定好？」「你花這麼多時間盯排行榜，患得患失，怎麼有時間去想未來發展的事？」其實，對職場中高階主管來說，這些道理我們都懂，但卻是放不下、做不到，**邱老師強迫我，從養生的理由來改變我的生活作息，但其實無形之中，我的工作方式、工作態度，也隨著身體這個小宇宙運行方式的改變，也跟著改變而不自知，唯獨，這是朝向越來越好的改變**，事後回想，這真是調養身體之外的意外的附加價值。

於是，我強迫自己不要做辦公室裡那位「最早到、最晚走」的成員，吃了養生食譜的四個月後，因為白天工作效率更佳，我的作息日趨正常，每天自然而然十二點前就寢，早上七點半前自動醒來，睡眠品質變好，竟無形中治癒我二十年來每個月至少痛一到兩次的偏頭痛，至今半年，頭痛沒有再發作過。

一般人大多數是為了減肥才開始運動，發生在我身上卻不太一樣，我因為生活作息的改變，自然而然地起心動念，想到多年來游泳的姿勢都不標準，便重新找教練調整姿勢，沒想到一游就上了癮，每周起碼要游個五天。飲食與運動雙管齊下，對精神很有用，運動完之後整個身體維持一種舒暢的狀態，那感覺很難言喻，但具體來說，即便上班到傍晚，也都會保持在很有精神的狀態，不會想打瞌睡，也沒有疲累的感覺，這和之前晨昏顛倒時，就算睡足十小時，醒來還是病懨懨的狀態，有如天壤之別。

很多人都看到我身體上發生的變化，有老友說：「你是我認識所有中年男人中，肚子最小的一個。」也有朋友看到我利用零碎時間去游泳，羨慕地說：「好悠閒啊！」但我要說的是，古人說「相由心生」，我相信「心由體生」，身體好，心才有餘裕，心好，相自然好，人過中年，學習平衡是一大課題，很高興從邱老師身上，學習到這點。

真人實例：拒當肥胖者❷

林貝芬（女）
年齡：24歲
職業：自由業
主要調養重點：肥胖、不斷復胖、臉色蠟黃

告別體重數字，我瘦得很漂亮

肥胖，真的是女人一輩子的夢魘！和肥胖為敵，幾乎是我和身邊一群朋友的共識。也不知道為什麼，我似乎是易胖體質，不管是吃什麼都會助長體重計上的數字飆升。這讓我非常苦惱，為了讓體重維持在理想數字，我真的試遍所有管道的減肥方法了；不管是正規的管道如中醫針灸減肥、名醫減重門診、推脂塑身，或是民間偏方如未經核可的減肥藥、

膠帶纏指、保鮮膜纏身、瘦身霜、咖啡減肥、水果減肥，能試的我都試了，不是完全無效就是效果有限，要不就是減了之後又復胖。

不得已，我只好採取激進的方法——讓自己挨餓。既然這麼多方法都無效，除了不吃，我實在想不出什麼好方法。為了落實挨餓減肥，我嚴格地限制自己吃進肚子裡的食物，早上只吃簡單的食物果腹，晚上則只吃少量的青菜，甚至為了只吃一塊自己朝思暮想的巧克力，我可以晚餐都不吃，只為了不讓自己的卡路里攝取過量。一切的一切，都只為了維持曼妙的身材。

只是，這樣激進的結果，讓我幾乎把自己的健康完全賠上。體重是減輕了，但我變得虛弱不已，走路走沒多久就累翻了，動不動就感冒暈倒，耐性全失，無緣無故就想發脾氣。更糟糕的是，口苦、心悸、手腳冰冷、耳鳴、早上起床眼袋浮腫、膚色黯沉等等問題全部上身，幾乎讓我快崩潰了！我是個簽約培訓中的唱片歌手，這些狀況讓我信心全無，一個看起來萎靡不振的歌手怎麼行！而且氣力不足也對唱歌的影響非常大。

還好邱老師救了我。其實在預約諮詢之前，我就已經久仰邱老師的大名，只是當時並沒有想到要向邱老師求助。後來因為同樣在受訓的朋友也有身體方面的問題不知該如何處理，因為邱老師的幫助而完全改善。而且邱老師在我們這個圈子很有名，很多藝人都是她的學生，也都在邱老師的指導下，身材變得非常漂亮。基本上，同行幾乎已經把邱老師當「神」看待了，因為經過邱老師指導改造過後，每一個人都瞬間脫胎換骨。邱老師真的這麼神嗎？抱著好奇又期待的心情，我向邱老師預約諮商。

經過邱老師的諮詢，完全顛覆了我過去對減重所抱持的觀念。我告訴邱老師，我一天只吃兩餐，晚上絕不攝取澱粉類的食物，所以我只吃少量青菜、水果，不吃米飯。邱老師卻告訴我：**「其實妳完全不用怕米飯，因為飯是我們身體所需要的很重要的元素，適量的米飯不但不會對身材造成危害，反而會讓妳瘦得更健康。」**

「真的嗎？我真的可以在晚上吃飯嗎？」我瞪大了眼睛，有點不太敢相信。因為一般人都認為晚上吃澱粉類的食物是不好的，會讓身體發胖。如今邱老師這麼篤定地告訴我可以在晚上吃米飯，而且還可以放心吃飽，那麼我過去讓自己餓得這麼辛苦到底是為了什麼？

邱老師點點頭，我想她應該已經很習慣看到學生露出這種驚訝的表情了。「妳不但可以吃米飯，也可以吃些法國麵包。而且妳一天一定要吃三餐。」

真的嗎？真的嗎？想到以後可以放心吃飽，我突然覺得很興奮。

「還有，妳每天所吃的三餐中，一定要有飯、菜、肉，這些東西都要均衡攝取。」邱老師建議我要攝取優質的蛋白質，而優質蛋白質最直接的來源就是肉類。

這讓我很猶豫，「老師，我是素食主義者欸。」老師張大眼睛望著我，「妳吃素的理由是什麼？」

「因為地球暖化啊，我們應該要愛地球。」我振振有詞。

老師很認真地望著我，表情似笑非笑，「如果你家裡沒有冷氣、電視這類東西，妳才能理直氣壯地跟我說妳愛地球！」

呃……好吧！我是沒有愛地球愛到那種地步啦，可是這樣還是讓我很為難呀，吃動物的肉欸，我只要一想到動物被宰殺……唉！這叫我怎麼忍心吃得下口！

然後邱老師細說從頭，把人體所需的營養及大概機制向我解說了一遍，也把我的身體狀況產生的原因說得清清楚楚。她還叮囑我，要讓身體處在溫暖的狀態，所以寒性的食物一定要避免。除此之外，燥的東西像紅茶、寒性的綠茶也不能喝，還有蒜、麻辣辛香料等這類會引發身體上火的東西也不能吃，因為身體上火會讓情緒也跟著不好。而且像我這樣的工作，練唱、上課、表演，隨時處於身體緊張的狀態，如何放鬆自己、排除緊張情緒也非常重要。

這確實讓我心服口服，如果我真的想要找回健康，那麼就必須改變自己的觀念。我是個凡事都要求自己要做到一百分的人，一旦認定目標，就會義無反顧往前衝，不會給自己鬆懈的藉口，所以當時邱老師就開玩笑說我是典型的「黑天鵝症候群」，對體重機上的數字有強迫性的偏執傾向！**老師也要求我不要每天量體重，以免數字的變動引起我沮喪的情緒，造成「內火」，進而影響我的身體運作。**

既然我認同邱老師所給我的觀念，那麼我就必須克服不敢吃肉的難題。原則上，只要是在家我就自己烹調食物，如果到公司上課我就幫自己帶便當，遇到外出表演，我就選擇小火鍋（肉片、青菜煮熟蘸點醬油就可以吃了）或是法國麵包、貝果之類的食物。因為執行得很徹底，所以不到一個月我就出現了驚人的改變。

其實當初在去見邱老師之前我就已經用地獄減重法讓自己達到我想要的體重，可是整個人氣色非常糟糕，皮膚蠟黃而乾燥，即使化了妝，粉妝也好像是浮在臉上，非常地不健康。但是在按照邱老師所給我的飲食食譜建議執行以後，我的臉變得不再浮腫，皮膚也散發亮麗的光采，身材變得緊實而勻稱。也就是說，**我所吃的食物是以前的好幾倍，可是不但沒有變胖，反而體重還減輕了，體力也變得更好**。

再一次去諮詢時，邱老師告訴我，很多人都以為自己胖，但其實是因為身體積蓄了太多的水分，造成水腫而不自知，所以有些人常常是越減越胖，要不然就是好不容易變瘦了又馬上胖回來。事實上，這是因為錯誤的飲食習慣沒有改變，所以身體過敏的人依舊過敏，水腫的人當然還是會繼續水腫。

誰不是呢？只要瞭解自己身體的需求，不讓自己的身體被不該攝取的東西毒害，我們當然可以還給自己一個健康漂亮的身體，這在我的身上確實得到了印證。嗯，邱老師真的好神啊！

真人實例：拒當肥胖者③

李子豪（男）
年齡：40歲
職業：IT
主要調養重點：中廣型肥胖、上呼吸道易感染、易感冒

做個有自信的中年男子

在第一次和邱老師做養生諮詢前我已經足足咳了一個多月了，這幾年來，大約是過了三十五歲以後，很固定地在每年的四、五月和十一、二月季節交替之際，我一定會有上呼吸道感染的問題，一開始是咽喉疼痛，之後支氣管發炎，氣虛咳嗽等症狀經常困擾我一整個月才能徹底痊癒，雖然過去兩年透過針灸和練太極使體質得到些許改善，但每年兩次的長期感冒仍然叫我心生恐懼。

邱老師教我最重要的觀念是，**一個人的健康是取決於四大因素，包括先天體質、後天生活環境，情緒狀況和常吃的食物**；同時由於每個人的體質不同，適合和忌諱的食物也會因人而異，不適合的食物吃多了，體內不能代謝的毒素積累過多後，人就容易會上火、水腫和長期慢性過敏等不良症狀。

我承認我剛開始並不是一個聽話的好學生，我只能做到堅定不移地不去碰那些老師說不適合我的食物，並沒有完全照著老師的食譜去吃，剛開始的時候心理上除了要克服口慾外，可能由於排毒關係，生理上總覺得有些許不對勁和莫名地難受，這種情況大概持續兩星期左右，之後我慢慢覺得人變得輕鬆多了，人也顯得精神奕奕；過了一段時間，我也曾敵不過美食的誘惑，小量的偷吃那些我不應該吃的食物，但吃了後覺得其實味道也不外如是，自然而然地我就更堅定地依循邱老師的健康菜單。

實際上一開始我並沒有將瘦身作為我向邱老師諮詢的主

要目的；但這幾年在中國應酬頻繁的生活形態，加上到北京念EMBA，與同學們經常愛喝高濃度、高熱量的白酒後，突然間明顯地開始中年發福；有趣的是老師在咨詢過程中曾提到說我至少可以減掉八公斤，當時八十三公斤的我雖然是很期待，但卻也是半信半疑，在飲食管理後的一個半月，我到外地出差時不經意地站上酒店浴室的體重機，赫然發現我已經減掉了六公斤，過了一個月後再減少三公斤，目前一直在七十四、五公斤左右，最難得的是我可以很輕鬆自在地維持著目前的體重水準，沒有一天需要挨餓，每一天都可以吃得飽足。

更令我興奮的是，幾年前曾經為了鼓勵自己減肥而故意買小一號的衣服居然可以輕鬆地套上，似乎又突然回到大學後畢業兩年剛開始工作時的體重；對此我個人的理解是：當體質變好了，新陳代謝自然也一起改善了，和年輕時一樣多吃些也不太容易變胖，同時以往一早起床臉部浮腫的情況也不再有了，更重要的是我過去兩次換季時都沒有得重感冒了。

最後我的建議是，在調整的過程中不要太著急和在意體重是否可以快速下降，更不需要經常去量體重，如果乖乖地照老師的方法和食譜去做，不用懷疑，一個月之內體重一定會明顯下降；另外，**在調養的過程中如果能配合充足的睡眠，正常的作息，人能夠保持精神飽滿時，對於食慾也會更有自制力，身體排毒速度也會加快，更容易收到事半功倍的效果喔**。

真人實例：拒當肥胖者❹

張瓊萱（女）
年齡：24歲
職業：產品採購
主要調養重點：肥胖、胃痛、抵抗力弱

跟著做，我也可以當美嬌娘

當男朋友和我訂下婚約，確定半年後披上嫁紗，我的心就開始焦慮了！我想要做美美的新娘，可是，肉肉的身材實在讓我感受不到即將出嫁的喜悅。這是我當初會找上邱老師做諮詢的最初念頭。對於邱老師，其實我耳聞已久，我的好同學當初就是因為在邱老師的指導下，在我的面前呈現了驚人的改變，而且是從頭到腳徹頭徹尾的改變。而我的另一位

知名的藝人同學，更是在邱老師的幫助下，從有點嬰兒肥的臉蛋搖身一變成為凹凸有致的魔鬼身材。她們都可以有這麼大的轉變，那麼我應該也可以吧！

其實之前我用其他的減肥法並不是沒效果，我服用的減肥藥確實還滿神奇的，它曾讓我成功的減去了好幾公斤，可是卻有糟糕的副作用——心悸。這讓我非常擔心，所以體重減去以後我就不敢再繼續吃藥了，卻沒想到藥才一停，肥肉又不甘寂寞地回到我的身上！天哪！我要做美美的新娘啊！所以，我立刻向同學求助，和邱老師約了諮詢的時間。

我的飲食習慣並不太好，因為自己一個人在外租屋，而且工作又忙，所以我是標準的外食族，三餐都在外，而且用餐時間超不正常。這實在也不是我心甘情願的，早上起床趕上班，大多是蛋餅或煎蛋三明治配一杯紅茶果腹，中午休息時間不長還要和便當店門口的人龍搶時間，晚上六點多離開公司算正常，有時候八點、九點才下班，根本累到連食慾都沒有了，當然也是隨便吃吃就把晚餐打發了。但算一算我的三餐其實吃的並不多，卻還能在體重計上寫下傲人成績，還真叫人怨嘆哪！

當然，甩掉肉肉是重點，但還有些煩人的毛病經常讓我叫苦連天。我有習慣性的頭痛，壓力大時頭會痛到讓人抓狂，工作不太繁忙時，頭痛也還是會定時來報到。另外一個和頭痛狼狽為奸的傢伙是胃痛，尤其是越在我必須要專注工作的時候，胃痛必定露出詭異的笑容向我突然靠攏。除了這兩大邪神以外，感冒也是常常糾纏我不放的討厭鬼，天氣突變，我一定中獎；遇到流行性感冒，我一定中；同事感冒了，我也中！還有，我非常怕冷，每天待在辦公司吹冷氣根本就是一種刑罰。算一算，我的身體狀況還真的挺多的。

邱老師在針對我的狀況作解說時，清楚地指出了我一定經常吃某些特定的食物，而且只要是她指出的，一定就是我愛吃的食物。然後邱老師仔細地向我分析這些食物的特性和不適合我吃的原因，總結是，「所以，會引起你這些毛病的食物，千萬不要碰。」

「我真的都不可以吃嗎？那我最愛吃的東西怎麼辦？」

那可是我重要的精神慰藉啊！

「那妳的頭痛怎麼辦？那妳的胃痛怎麼辦？那妳的常常感冒怎麼辦？那妳的新娘婚紗怎麼辦？」邱老師不答反問。

「那……我不要吃就好了嘛！」我的回答有點委屈，可是也確實覺得邱老師說的有道理，我似乎別無選擇。

當然，為了做個美麗的新娘，我是義無反顧的，而且邱老師所提出的資料數據有非常大的說服力，所以和邱老師談完後，我立刻直奔市場採買，回家洗手做羹湯。燙青菜吃膩了就換薑絲炒青菜，紅茶、綠茶不能喝就換烏龍茶或白開水，羊肉太腥我沒辦法下嚥，用豬肉拌點淡醬油的味道好像也還不錯，晚餐有時候沒時間吃，換喝紅豆湯也可以得到飽足感。即便不得不外食，路邊麵攤的肝腱、燙青菜也可以讓我獲得滿足，或是速食店的薑汁燒肉珍珠堡也是我的選項之一。

總之，流汗耕耘必歡呼收割，不到一個半月的時間，我所呈現的成果就引來同事的頻頻追問——

「妳有在偷偷減肥齁？到底是用什麼方法，怎麼效果這麼好！」

「妳換保養品了哦？為什麼現在膚色看起來那麼有光澤？」

「妳的精神怎麼變得這麼好？你有在吃健康食品哦？」

我對他們提到我向邱老師諮詢的過程，並分享邱老師的飲食觀念，他們聽得嘖嘖稱奇，每一次一起出外用餐時，他們也會問我：這個東西可以吃嗎？那……那個可以吃嗎？

不過，雖然在我身上的神奇改變確實引發了他們的好奇和學習，但畢竟裹著糖衣的毒藥依舊充滿了無窮的誘惑，所以真正能夠抗拒的人並不多，大多人還是習慣選擇了向不好的食物屈服，他們會這麼自我解嘲——

「哦，這個東西真的對身體不好啊？那我少吃一點好了。」

「我覺得我學妳這樣吃好像沒什麼效耶，會不會是體質不同啊，那我試別的方法好了。」

「唉！不行啦！人生就是要對自己好一點啊，這個不能吃，那個也不能吃，太痛苦了啦！」

說真的，**在改變飲食的過程中，我確實花了一些時間適應，但卻並不覺得痛苦。因為當我開始拒絕吃蛋、豆類製品等等的食物後，我確實感覺到了身體漸漸變得輕鬆沒有負擔，也很自然地不想攝取這類的飲食。**然後，我發現頭痛的狀況不知不覺消失了；胃痛、嘔酸也不再出現了；感冒……在辦公室裡還是會發生，可是中獎的人絕對不是我。

其實我還有一個祕密。以前我上班的情緒總是很糟，脾氣超差，很沒耐性，但又不敢對人發脾氣，所以只能自己對自己生氣，不但影響工作效率，自己也活得很不快樂。但是當我這些惱人的身體症狀消除後，我發現自己不會再動不動就愛生氣了；一方面是我的生理狀況變好了所以影響心理，一方面就像邱老師說的，只要我拒絕了會引發肝火上升的食物，自然不會讓身體有負荷，當然就會心平氣和了。

最讓我開心的，當然就是肉肉和我說掰掰了，我如願用完美的身形扮演美美的新娘，而且是超漂亮、超開心、超健康的快樂新嫁娘！

六、惱人的青春痘、粉刺、毛囊炎

可能引起青春痘的原因，多由不當飲食和熬夜所造成。在飲食方面，應該要避免上火食物，包含之前講過的：

堅果種子類，包括：芝麻、花生、杏仁、核桃、開心果、南瓜子、葵瓜子、蠶豆、腰果、松子、夏威夷果仁、米漿（含花生）等。

水果類如荔枝、龍眼、榴槤、櫻桃等。

飲料類如咖啡和市售黑糖薑母茶（要去皮，不然也會上火）。

另外，黃豆製品也是必須要忌口的食物，包含如豆干、豆皮、豆腐、豆花、豆漿、黃豆芽、蘭花干、素雞、素肉、味噌、毛豆、納豆、素火腿、黑豆、黑豆漿、豆豉等。

而引發粉刺的原因，可能是吃了上腸火的食物，如蛋類製品（包括雞蛋、鵪鶉蛋、鴨蛋、皮蛋、鹹蛋、鐵蛋、蛋糕、蛋捲、蛋餅、泡芙、布丁、茶碗蒸、美乃滋、銅鑼燒、牛軋糖、蛋黃酥、蛋蜜汁、鳳梨酥、含蛋的餅乾麵包等西點）、蒜頭（包括蒜苗）、韭菜（包括韭黃）、蝦子（包括蝦米）。

毛囊炎則是要忌口蛋類製品、奶製品（詳述如上）。

真人實例：揮別「青春」痕跡

齊偉（女）
年齡：34歲
職業：IT
主要調養重點：粉刺、青春痘、肥胖、水腫

去除粉刺、青春痘 當個新時代女性

我一直是個努力認真的人，生活中大部分的時間都給了工作，並且也樂在其中，本來我的個性就是樂天而爽朗，多年的職場生涯更將我鍛鍊得沒有什麼解決不了的。但是幾年前我開始發胖，並且臉上長了粉刺、青春痘，我開始變得不快樂。

要知道每個女生都一樣，我努力地工作，但是卻一點也漂亮不了，賺來的錢要買衣服，卻顧不得流不流行，只能盡挑些遮掩身材的款式，再加上皮膚狀況不佳，每天站在鏡子前面我都真不想看到鏡子裡面的那個人。

說真的，你能想到的減肥方式我幾乎都試遍了，但效果都很有限，每天我就只能活在沮喪裡面，後來我一個好朋友，一個月就瘦了四公斤，我見他突然變帥了，心裡特別著急，一直追問他怎麼瘦下來的，他就跟我提到了邱老師，他說這一個月，只是照著邱老師提點的飲食方式，也沒做什麼其它特別的事，就瘦下來了。我身高160公分，當時的體重接近60公斤，我聽了朋友的瘦身經歷後，當然急得想要立刻見到這位調養身體的老師，但是我遠在北京，這中間可是耗費不少時間和力氣，才終於成功地見到朋友口中的「邱老師」。

見了邱老師，我一五一十地把平時的生活習慣、飲食習慣統統說給她聽，誰曉得她聽完之後立刻告訴我，我所有愛吃的東西通通都不對，都是對我不好的，尤其我特別愛吃冰，她只說了一句：**「你若是想要年輕十歲，就這輩子都別吃冰。」**這可嚇到我了，因此跟她諮商過後，我可真是一口冰都沒吃過了。

諮商的過程裡，邱老師捏了捏我的手臂，然後說我的肥胖主要是因為水腫，若能把多餘的水給排掉，就會瘦很多。另外，我每天在睡覺前總習慣喝上一大杯水，每天早上起床眼袋都腫很大，邱老師也說這習慣要不得，晚上九點以後就不能再大量喝水，若是真的渴了，也只能喝一口，含在嘴裡慢慢吞下去。哈，難怪我每天眼睛都腫得不得了。接著邱老師一項一項幫我找出飲食習慣上的種種錯誤，再指點我該怎麼吃。

接著我就開始乖乖地照著邱老師指點的方式來改變生活飲食習慣，頭一個月，我瘦了三公斤，前後半年，我則一共瘦了六公斤。說起來**這可是我試過所有的減肥方法中特別舒服的，因為既不需要運動，也不需要挨餓**，我現在開心死了，終於可以穿自己喜歡、又覺得有品味的衣服。

我的收穫，除了瘦身之外，實際上自己都覺得整個人很輕鬆，不像從前可能走路都覺得腳好重。我的臉色也變好，皮膚有光澤，本來困擾我的粉刺和青春痘也跟著消失，連原本排便不正常也都好了；而之前睡眠的狀況也常在半夜醒來，這下也都一覺到天亮……種種身體狀況的改善，使得我心情隨之更為開朗，人生簡直就是跟著變好。

冒著被邱老師罵的危險，我還是得說實話，如果我一整天在家，要按著邱老師的指示吃，還算是容易做得到，但如果我出門工作，那可真就沒那麼容易了，所以平心而論，我大概一開始的兩個月有做到邱老師要求的九成，但是漸漸地，我就做到得越來越少，現在我大概就做到四成，有的時候體重也會增加個一、二公斤，但是只要再乖乖做到邱老師要求的那樣，過個幾天體重就又會掉下來。

因為我聽了邱老師的話這麼有成效，我現在等於組了一個養生團那樣，每逢有想要改善自己健康和身材的朋友，我都介紹邱老師給她們，其實這樣的結果，也使得我身邊有一群可以彼此討論、交換心得的對象，而我們的話題更多的時候都是在討論怎麼養生才會更健康、美麗。

健康是自己的，我從找邱老師諮商後，只要生活上的習慣做一點點改變，身體就會有一點點改善，一路走來，我深刻地體會為自己的身體怎麼努力，身體就會回饋給你什麼，所以偶爾放縱一下，我也懂得趕緊調整回來，這樣才對得起自己。

若真要說邱老師帶給我什麼壞處，那就是認識她之後，我可多花了好多錢，因為我幾乎所有的衣服都重新買過，以前的那些全都太大了，我也不會再問自己辛苦工作為了什麼？因為我現在可是有自信的新女性呢！

七、未老先衰就要找回青春

一個人為什麼會感覺自己未老先衰呢？有一些人會覺得視力提早衰退，未到中年視茫茫、髮蒼蒼、齒牙動搖等症狀都已經出現，記憶力衰退、注意力不集中，突然間恍神、皮膚狀況越來越差，臉上出現斑點、手上出現老人斑、身材浮腫、肥胖，女生經期越來越短、經血越來越少，膚色暗沉沒有光澤……這種種現象就跟目前很流行的測試自己是否有「初老」的症狀一樣，如果你還只是個二十~五十歲的人，卻已經有以上我所提到的問題，那麼不要懷疑，你絕對就已經是個有初老症的人了。

你不要嘆一口氣，然後自問：「能怎麼辦呢？」之後，就跳過了這些問題，因為這些症狀只要你有心調整，是可以讓它再重新回春的。所有的癥結回到原點，都跟基礎代謝率有關，只要把基礎代謝率調好，就可以讓你身體衰老的狀況得到改善。

請一定注意到以下幾個原則：

❶正確攝取身體需要的營養素

三餐注意同時攝取六大營養素，也就是脂肪、蛋白質、維生素、礦物質、澱粉和水。在攝取六大營養素的同時，也要留意避開其中不適合自己的食物。哪些是不適合自己的食物呢？當你長期食用某些食物，身體若無法對這個食物完全分解和吸收的時候，有可能就會出現某些不舒服的狀況，比方說：脹氣、皮膚過敏、鼻子過敏、青春痘、粉刺、難以入睡、淺眠多夢、排便不順等問題，有這些問題的人請先參考上述所提到有可能會引起這些狀況的食物，先一次針對一種狀況認真忌口造成這種狀況的食物三個月到半年，如果不舒服的狀況是和這些食物有關，應該半年後會得到大幅度地改善，當狀況完全改善後，就可以重新試著少量的嘗試這些食物。

❷絕對忌口冰品、生食以及寒性食物

這是為了可以不要阻礙基礎代謝率。這些冰飲、生食、寒性食物，會讓身體變寒，血管收縮，血流變慢。請記住，品質的屬性是温暖的、蔬菜水果是寒性的，水和澱粉則是中性的。所以晚餐的蔬菜最好不要吃太多，而水果最好的攝取時間是早上，葉菜類是屬於蔬菜中較寒的，最好是在中午時吃，晚上則應選擇根、莖、花果、包心類的蔬菜來吃。

❸勤快執行可幫助提高基礎代謝率的方法

泡澡、泡腳、平地快走（建議早餐或晚餐後一個小時，先做好暖身和拉筋，然後平地快走二十~三十分鐘，注意步伐要拉大，雙手前後大幅度的拉大擺動，身體虛胖嚴重或身體虛弱的人，會建議一次從快走十五分鐘左右，再視身體進步的幅度慢慢增加到三十分鐘左右）。

當基礎代謝率提高之後，我們只要認真忌口上肝火的食物，肝臟功能變好、負擔變低，讓肝臟執行它應有的功能，我們就會慢慢開始感覺皮膚發亮、有光澤，而原本有的視力模糊，或者早上起床有眼屎、眼睛乾、痠、癢的狀況也會漸漸得到改善。

一個人如果長期上肝火，漸漸就會開始影響腎臟的功能，腎臟的功能開始慢性衰退，鈣質也會流失得比較快，當身體缺鈣的時候我們很容易會覺得暴躁、焦慮，記憶力變差或者注意力不集中、突然間恍神，甚至開始慢慢影響睡眠，變得難以入睡或淺眠多夢，所以除了要忌口上肝火的食物之外，也要注意鈣質的攝取。

就是這麼簡單，你一定可以做得到，一定要相信只要你肯為身體做出努力和付出，必然會得到回報。

真人實例：再見！未老先衰的身體

葉小姐
年齡：34歲
職業：設計師
主要調養重點：肥胖、水腫

還我青春時的姣好面容與身材

能夠認識邱老師真的是一件很幸運的事。我做的是設計工作，工作的內容包羅萬象，舉凡珠寶設計、型錄海報設計、書籍排版設計，大到會場設計、節目規畫等等無所不包。也因為工作範圍繁雜龐大，我的生活模式非常地不規律，有的時候工作一忙常會忘了吃飯、上廁所，甚至挑燈夜戰也是常有的事。也許年輕就是本錢，剛開始還覺得游刃有餘，不覺辛苦，但漸漸地開始力不從心，早上起床變成辛苦的事，明明才睡了一覺，沒工作一會兒又疲倦了。

還有一件我最在意的事——肥胖。我們全家都是美食主義者，而我一向也對自己吃不胖這件事引以為傲，誰知這樣的榮景在我婚後完全變了調。我高中畢業後全家移民到美國，我在美國完成大學學業，並且從事珠寶設計工作。我要說的是，即便是生活在一個充斥大尺寸、高熱量飲食的地方，我都能夠毫無飲食顧忌，維持姣好身材，沒想到，嫁回台灣後，臉漸漸圓了，腰漸漸圓了，屁股……漸漸變大了，我的媽呀！雖然胖子不是一天造成的，但再怎麼努力回想，我實在都想不出我發胖的原因，雖然我不忌口，但過去也是這樣吃，並沒有造成任何困擾呀！

雖然老公總是安慰我說沒關係，甚至還說我胖一點比較好看，可是我很在意。我總覺得肥胖是健康的殺手，更何況當時的我還沒做媽媽呢，沒有健康的身體如何孕育出一個健康的寶寶。而且，伴隨著肥胖的問題，我發現自己體力也變得很差，除了容易疲倦，站得稍久腰就會痠，手腳冰冷，也常覺得口乾舌燥。

一次朋友聚會，聊到了這些話題，朋友提醒我飲食其實是健康很大的關鍵。

「是喔？可是我以前也都這樣吃，並沒有這些問題啊！」我這才想起朋友每次一起用餐時，總是會有一些飲食上的禁忌，譬如她會特別避免某類的食物，在口味上也比較清淡。

聊到了食物對人體影響的許多特點，朋友還特別告訴我，有些食物會刺激肝火和神經，以致影響了睡眠；像堅果種子類的如芝麻、花生，水果如荔枝、榴槤，飲料如咖啡、薑母茶等等都會刺激肝火上升，而鮭魚、黃豆製品、巧克力、鳳梨、水蜜桃、大白菜、小白菜、苦瓜和含咖啡因的飲料等等則會刺激神經，這些都會讓我們睡眠品質變得很糟。

「哇，你怎麼懂那麼多？好厲害哦！」這些日子以來，朋友看起來確實容光煥發、神采奕奕，我雖然注意到了，但也沒特別聊到，原來只不過是飲食習慣的調整，居然改變這麼大！

「我哪會懂這麼多啊，是邱老師教我的。她真的很厲害，不過是察言觀色、聊了些話題，她居然就清楚地指出我身體上的一些狀況。」

「這麼神啊！」我很好奇，邱老師是做什麼的？該不會是什麼命理改運之類的，要不就是什麼直銷健康食品的吧？

「邱老師是位養生老師。她提供了我很多飲食攝取的諮詢，也給了我許多生活上的建議，及早發現身體上的問題，給我的改變非常大。」

朋友問我有沒有興趣認識邱老師，我不是這麼確定。說真的，朋友提到邱老師時整個人彷彿放出了某種光彩，對邱老師這麼多的褒獎反而讓我心裡有些遲疑。不過，朋友所提到的健康概念確實深深地觸動了我，我的心裡又有某種躍躍欲試的衝動。於是朋友建議我不妨從某些飲食習慣的改變先著手。

「妳不是很愛吃蛋嗎？說真的，蛋對人體產生的不良影響真的很多，妳要不要試試看能不能做到不吃蛋，如果做得到，而且看到了身體的轉變，我再幫妳向邱老師預約。」

蛋這個玩意兒真的是我的致命傷呀！我很愛吃蛋，從單純的蛋（滷蛋、荷包蛋、茶葉蛋……）到複雜的蛋（蛋糕、麵包、加工甜點……）都是我無法抗拒的最愛！蛋（但）如果對我的健康影響有這麼大，我又渴望把體質調整好、生個健康寶寶……好吧，我順便考驗一下我的毅力好了。

於是我從減少攝取蛋的數量開始，六、五、四、三……呃，不吃？真的有點難。不過，**經歷了幾個月的「戒蛋」考驗，我確實發現我的身體有了奇妙的轉變，這讓我增加了許多信心**（因為未來要戒除的飲食習慣恐怕更困難），於是我向邱老師預約了諮詢。而且就在同時，我發現我已經懷孕兩個月了，哈哈，真是太神奇了！

和邱老師見面後，確實給了我很大的震撼。初次見面，邱老師快狠準地點出我幾個問題，並且拿了一張密密麻麻的問卷要我作答，我也不敢馬虎，翔實地回答了一切問卷上的問題。邱老師告訴我，我的身體並不是肥胖，而是水腫；這主要是我的腎虛和肝功能的問題，肇因也很明顯，因為我的生活作息不正常，時常熬夜，攝取的飲食也有很大的問題。除此之外，邱老師也說出了我的其他狀況——耳鳴、手腳冰冷、眼屎、眼癢、眼痠、口苦等等。有些是我本來就覺得困擾的問題，有些則是感覺問題不大而習以為常忽略了。

因為我的體質濕寒且虛，她要我戒除生食，不碰生菜沙拉，屬於生冷的葉菜也要少吃，改吃根莖花果類的蔬菜，認真吃屬性溫暖的優質蛋白等，並且列出了清楚的飲食選單，早餐該怎麼吃，中午吃什麼適合，晚餐如何吃最恰當，如果遇到外食的情況該如何注意……

因為操作起來並不困難，老公也為了支援我，與我共同展開了新的飲食計畫，短短幾個月，邱老師再見到我，直說幾乎認不出我了，因為我已經完全脫胎換骨，神采飛揚，因為肝火和腎虛的情況改變了，水腫的問題也輕鬆解決了。更棒的是，懷孕前，我的體重已經超重二十公斤，懷孕的過程我只增加了五公斤的體重，胎兒完全健康，發育正常。正常情況下，懷孕過程最理想的是體重增加約八公斤左右，等於我在懷孕的過程，自己本身的體重減輕了約三公斤：等到生產完坐完月子，我的體重減少了十公斤。而且懷孕過程我都非常輕鬆舒適，不曾體會別人懷孕的孕吐、煩躁等等痛苦，生產過程也非常順利，沒有劇烈的疼痛感。

真的很感謝邱老師，她所帶給我的改變真的是太棒了！

邱老師的擇食基礎課程

★過度複雜的飲食，以及情緒的混亂，會造成我們本身變成一個身心靈失調的個體，慢慢地失去我們的靈覺（就是所謂的動物性本能）。

★不要因為愛某樣食物，就餐餐都要，無它而不歡，要記得給身體喘息的時間和空間。

★如果你想要有一個基礎代謝率很高、老得很慢的身體，請開始認真地去建立自己對食物的過敏反應紀錄，也要認真地去找出造成自己身體問題的凶手。

★不論是忌口或者任何照顧自己、了解自己的努力，都是為了讓自己過得更輕鬆健康，就看你願不願意了。

★身體是我們最好的情人，你傾聽它的感覺、需要，並且盡力滿足它，它會給你比情人更可靠的回饋，身體不會說謊，你怎麼對它，它怎麼對你。

★每一個想要身體健康的人，請先學習把自己的身體當成情人一樣的來呵護，而不是把它當成僕人一樣的來使用。

基礎保養食譜

說了那麼多，你或許會問，那邱老師都吃些什麼呢？以下是我自己本身固定會吃的菜單，你不妨也試試看吧！

除了忌口之外，我自己長期吃對自己健康有益的飲食，因此有些固定的菜單是我自己會吃，同時也會跟朋友分享的養生食譜，在這裡我也針對養生的方向來提供給各位參考，如果有興趣的人可以試試看，因為試過的人都說讚喲！

把每個月分成四週，每一週針對我們身體不同的部分來做身體保養：

第一週：炙首烏補氣雞湯

◎**功效**：補肝腎氣

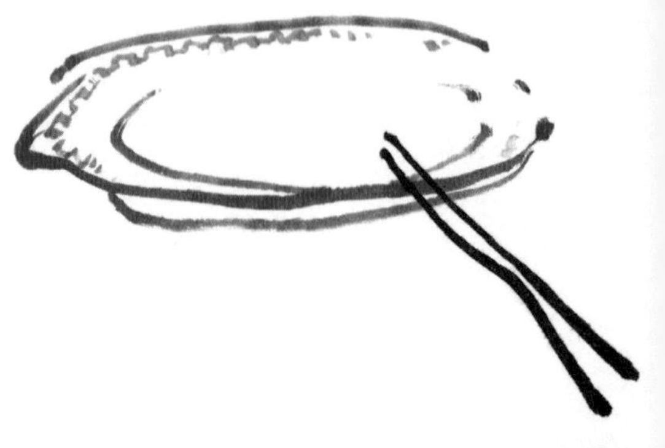

◎**材料**：雞骨架1個、雞腳6支、老薑2大塊

◎**藥材**：炙首烏3大片、黃精3片、參鬚1／3把、枸杞子1把（所有藥材煮前先沖洗過）

◎**作法**：

❶將雞骨架與雞腳汆燙後備用，老薑去皮後備用。

❷老薑去皮拍扁放入冷水湯鍋中煮滾，加入汆燙後的雞骨架與雞腳。

❸再放入所有**藥材**，以中小火煮1小時。

❹熄火後撈出雞腳、老薑與藥材後，即可食用。

第二週：四神茯苓雞湯

◎**功效**：安神、美白、消水腫

◎**材料**：雞骨架1個、雞腳6支、老薑1～2大塊（建議可再加乾香菇6～7朵，去蒂頭）

◎**藥材**：四神湯1帖（去薏仁）、茯苓2～3片（先剁成小塊，泡水2小時後再煮湯）

◎**作法**：

❶將雞骨架與雞腳汆燙後備用，老薑去皮後備用。

❷老薑去皮拍扁放入冷水湯鍋中煮滾，加入汆燙後的雞骨架與雞腳。

❸再放入所有**藥材**，以中小火煮1小時。

❹熄火後撈出雞腳、老薑，藥材不需要撈出，跟湯一起食用。

第三週：天麻枸杞雞湯

◎**功效**：加强氣血循環

◎**材料**：雞骨架1個、雞腳6支、老薑1～2大塊

◎**藥材**：天麻1兩、枸杞子1大把

◎**作法**：

❶將雞骨架與雞腳汆燙後備用，老薑去皮後備用。

❷老薑去皮拍扁放入冷水湯鍋中煮滾，加入汆燙後的雞骨架與雞腳。

❸再放入所有**藥材**，以中小火煮1小時。

❹熄火後撈出雞腳、老薑，藥材不需要撈出，跟湯一起食用。

（感冒及孕期間停用）

第四週：清蔬休養雞湯

◎**功效**：讓身體休息清爽

◎**材料**：雞骨架1個、雞腳6支、老薑1～2大塊。可選擇以下1～2種來做蔬菜雞湯：如胡蘿蔔、木耳、山藥、菱角、皇帝豆、香菇、杏鮑菇等。

◎**藥材**：一般雞湯不放藥材

◎**作法**：

❶將雞骨架與雞腳先氽燙後備用，老薑去皮後備用。紅蘿蔔去皮切塊。

❷老薑去皮拍扁放入冷水湯鍋中煮滾，加入氽燙後的雞骨架與雞腳。

❸起鍋前10～20分鐘將蔬菜放入鍋內（依蔬菜種類不同而有不同的烹調時間），以中小火煮1小時。

❹熄火後撈出雞腳、老薑，蔬菜不需要撈出，跟湯一起食用。

第五章

你一定要知道的原則：吃得飽卻瘦得了的方法

一般人想要變瘦直覺上就是得要挨餓，光是我身邊的朋友跟我提過的就不曉得有多少挨餓的減肥方法，像是什麼過午不食、不吃澱粉，或者是只吃蘋果餐、代餐、辣椒餐等等，無奇不有、千奇百怪。

我們更不乏認識許多一輩子致力於減肥的朋友，這類型的人很容易在短時間之內瘦下來，但一段時間不見，他可能又復胖回來；復胖之後，他又變本加厲地挨餓減肥，然後又快速瘦下來，又再快速復胖。這種「溜溜球效應」是所有減肥者的夢魘，而且用挨餓來換取瘦身的結果，不但復胖率非常高，而且長期下來，有可能要付出內臟因營養素不足而慢性衰弱的代價。這聽起來很危言聳聽，但很不幸地，它是事實。

所以我常開玩笑説一句話：「瘦下來沒什麼了不起、瘦很多也沒什麼了不起，但是能夠長久維持一直不復胖才是真的了不起！」

了解自己的情緒，是遠離肥胖的首要條件

想要能夠瘦到讓自己滿意的身型，而又維持不復胖其實並不困難，但是最重要的是要把自己對於「吃」這件事情以及對食物的心態調整好。

從許多來找我諮商的朋友身上，我察覺到如果平常容易有焦慮、不安、不滿足於現狀、對自己的生活出現無法掌控事情而恐慌等情緒的人，往往容易出現暴食的狀況；一旦暴食，除非是身體吸收能力有問題，不然誰能夠不胖？

另外一種人是面對壓力時容易用吃來轉移注意力，你可以觀察一下辦公室裡的同事以及你自己，許多上班族會不自覺地一直吃零食，或者下班回到家後就開始猛吃，這就是一種用吃來發洩壓力的情形，最可怕的許多人是在不自覺地狀況下而習慣性地這麼做。

如果你是屬於這樣類型的人，不管用什麼方法減肥，最終得到的還是令你失望的「復胖」；而復胖會讓你的情緒更

加沮喪因而再去尋求另一種方式嘗試減肥，如果你的人生為了減肥而在這樣的痛苦中循環，那等於不用死就已經活在地獄裡了。

要從減肥地獄中爬出來，我們要先開始認真處理自己的情緒，首先要能夠認識自己最容易陷在哪一些負面情緒裡，你要時常能夠清醒地察覺自己目前的情緒是很平和，還是淡淡的低潮沮喪，目前工作上是不是有某些壓力讓你覺得焦慮不安？或者最近戀情不順讓你心慌意亂？你真的清楚自己目前的情緒是處於哪一種狀態中嗎？許多人逃避面對情緒，或者大而化之地說：「反正工作就是會有壓力呀，沒什麼大不了的。」這兩種方式其實都一樣屬於騙自己的消極行為。

我們其實先學會不要害怕面對問題，可以慢慢地理清楚，鼓起勇氣面對困擾我們的問題，唯有這樣才有可能找出解決的方法，不論是家庭、工作、感情的問題，都需要透過自我整理，弄清楚問題的癥結點，才有可能化解困擾自己的情緒，如果自己實在理不出頭緒解決，至少也應該要鼓起勇氣尋求專業的幫助。

你吃對了嗎？吃不對就很難脫離肥胖

光靠吃，是無法解決任何問題的，問題絕不會隨著你狂吃一頓而消失，反而在暴食之後容易因為罪惡感而陷入更深的沮喪！另外還有一個逃離減肥地獄需要注意的事情：通常會引起我目前身體某些不舒服或者肥胖的狀況，絕大部分可能跟我長期喜歡吃的食物有關，我真的了解我喜歡吃的食物對身體造成的影響嗎？

身體的運作其實有一定的規則可循，一個人活在世界上離不開的就是吃和睡，日常生活中可以吃得到的食物，我們可以用營養素來分類，蛋白質、脂肪、維生素、礦物質、澱粉（碳水化合物）、水六大類。

六大營養素對內臟的運作來說，缺一不可，所以單純只吃某種特定食物的減肥法，或者特定不吃某些營養素的減肥法，也許可以在短期內看到效果，但長期來說，會影響內臟運作的功能，終究還是要付出身體健康作為代價。

吃得飽又瘦得了的執行法則

不要以為避吃對身體不好的食物就夠了，更重要的要掌握良好且正確的用餐習慣，徹底執行以下幾點，可讓你瘦得美美的唷！

一、絕對不要情緒化地暴飲暴食

只要察覺自己明明不餓，卻還一直猛吃，就該停止這個不理智的行為。內在的空虛或者不安，用吃是絕對填補不了的，當你感到焦躁不安或者因為空虛而想要拿起食物放進嘴裡時，記得提醒自己：「我沒有那麼空虛和軟弱，我不需要靠食物來填補自己。」一定要懂得控制這種情緒化而傷害自己的行為。

二、認清楚甜食並不能讓你轉移壓力

當你吃甜食或者巧克力的時候，你可能會暫時遺忘你的壓力和問題，但吃完之後呢？壓力和問題仍然存在，當你意識到困擾你的情緒依舊在，你能怎麼辦？再度拿起甜食或巧克力嗎？答案很明顯應該是否定的，所以一定要認清這一點，不要讓自己循環在一個沒有建設性的逃避迷宮之中。

三、把握用餐原則，餐餐六大營養素齊全

簡單來說，就是有肉、有菜、有澱粉。當六大營養素完整的時候，身體的正常細胞會把吃進的食物當成身體機能運作所需的燃料，而當營養素不完整的時候，正常細胞無法完全使用時，肥胖細胞就會將無法使用的養分儲存起來，那就會變成脂肪。

用餐原則❶：早餐一定要認真吃

不要妄想用咖啡來打發早餐，或者喝杯牛奶，就草草了事。流質的東西無法在胃裡面停留足夠的時間讓胃壁分解吸收養分，而沒有被完全分解的養分到了腸子反而容易滋養腐敗菌產生。所以建議早餐還是要注意能夠攝取到六大營養素。

但千萬不要忘記我前面所說的，蛋白質一定要是優質蛋白質，而且要注意避開你的體質不適合的食物種類喲！

吃水果最好的時間點，就是在早餐之後，因為水果裡有豐富的水果酵素可幫助食物分解，讓我們早餐的吸收及利用率達到最高效果。如果有可能的話，早餐來碗雞湯，燙幾片火鍋肉片加在雞湯裡，吃上一點澱粉，最後再加個兩種水果，那就是完美一天的開始喲！

用餐原則❷：晚餐時間不要拖太晚，最晚不要超過七點半

因為太陽下山後，人體的新陳代謝運作就會開始趨於緩慢，這個時候我們吃進來屬於寒性且水分較多的的水果和葉菜，很容易替身體增加負擔，也容易讓水分在身體堆積，長期下來就可能會變成水腫體質。

太晚吃進來的蛋白質，也有可能反而被肥胖細胞吸收而變成脂肪堆積的凶手。所以針對晚餐，我的建議通常會讓第一次聽見的人，嚇掉他們的下巴，我的建議就是：「七點半以後不吃蛋白質和蔬菜水果，只吃澱粉。」

因為澱粉含有身體能量所需的熱量，以正常情況來說超過七點半，離我們要上床睡覺的時間已經不會太遠，這個時候攝取一些澱粉，讓身體有足夠的熱量轉換成能量，來維持我們運作所需就可以了，吃得太豐盛，反而對內臟造成更多負擔，也容易形成肥胖。

用餐原則❸：任何食物一定要細嚼慢嚥

每一口食物至少要嚼三十下以上，營養素容易吸收，身體的運作機能也就會比較旺盛，相對的也比較容易提高新陳代謝率。

而吃東西吃太快，則很容易一不小心就吃進過量的食物，對身體來說負擔又大、又是肥胖的幫凶，再說狼吞虎嚥也不是貴婦的行為，愛漂亮的各位，試著坐在鏡子前面吃一頓飯吧，你的吃相自己真的看得下去嗎？

掌握以上這些大原則，其實你每天都可以吃得滿足，一點也不需要挨餓。

邱老師的心靈瘦身課程

★如果你的人生為了減肥而活在痛苦的循環中，那等於不用死就已經活在地獄裡了。

★問題絕不會隨著你狂吃一頓而消失，反而在暴食之後容易因為罪惡感而陷入更深的沮喪！

★當你感到焦躁不安或者因為空虛而想要拿起食物放進嘴裡時，記得提醒自己：「我沒有那麼空虛和軟弱，我不需要靠食物來填補自己。」

★任何食物一定要細嚼慢嚥。

★許多長期減肥的人，對「吃」有莫名的罪惡感，很容易囫圇吞棗大口快吃，記住你現在吃的食物不是你偷來或搶來，所以請細細品嘗每一口美味的食物，感謝它滋養你的身體，讓你得到健康，瘦得自在。

結語：持續學習，分享所得

學習是一件永無止盡的事情，當你學了一樣東西，到能夠純熟運用它的時候，就會開始感到不夠，因此我不斷地學習各種可能性，在這整個學習過程裡，我同時學習到一個對我生命來說非常重要的一個觀念：「**永遠不要侷限在你所學的、所熟悉的這個層面**。」因為如果我們學到某些東西而有心得了，就很自滿地用已經懂得的東西來解釋所有的事情，終究會導致坐井觀天、自以為是的結果，所以這個學習的過程當中，我體會到要用更寬大、寬廣的心，來接受我不懂的、不同的理論。

這個世界上沒有絕對與完美，也沒有什麼療法能夠治療全部疾病，或許有一天我的觀念會受到攻擊和懷疑，這可能是因為攻擊的人不完全懂我的學習與實踐，只是以他所學、所會來詮釋我的方法；但也可能我真的有不足的地方，畢竟，從同仁堂開始的浪學歷程，都是在不斷接受、理解、學習並融會貫通的過程中獲得，這也是我願意出書分享心得的動力，希望能有更多的人，能夠透過「擇食」的法則，獲取健康之鑰，讓身心靈同時走上平靜與喜樂之路。

附錄：本書精華表格整理

容易上肝火的食物：

類別	食物
辛香料	麻辣、香油及食品添加物、沙茶、咖哩、紅蔥頭、紅蔥酥、麻油、薑母鴨、麻油雞、羊肉爐、藥燉排骨等。
烹調方式	高溫油炸、高溫燒烤、碳烤、高溫烘焙、高溫快炒、爆炒。
堅果種子類	芝麻、花生、杏仁、核桃、開心果、南瓜子、葵瓜子、蠶豆、腰果、松子、夏威夷果仁、米漿（含花生）等。
水果類	荔枝、龍眼、榴槤、櫻桃等。
飲料類	咖啡、市售黑糖薑母茶。

容易上腸火的食物：

類別	食物
蛋類製品	雞蛋、鵪鶉蛋、鴨蛋、皮蛋、鹹蛋、鐵蛋、蛋糕、蛋捲、蛋餅、泡芙、布丁、茶碗蒸、美乃滋、銅鑼燒、牛軋糖、蛋黃酥、蛋蜜汁、鳳梨酥、含蛋的餅乾麵包等西點。

蒜頭	包括蒜苗。
韭菜	包括韭黃。
蝦子	包括蝦米。

容易造成體質偏寒的寒性食物：

寒性食物	大白菜、小白菜、大黃瓜、小黃瓜、苦瓜、絲瓜、瓢瓜、冬瓜、芥菜（包括雪裡紅）、白蘿蔔等寒性食物。
生食、冰品類	生菜沙拉、生魚片亦屬之。

容易造成脹氣的食物：

黃豆類	包括黃豆製品如豆干、豆皮、豆腐、豆花、豆漿、黃豆芽、蘭花干、素雞、素肉、味噌、毛豆、納豆、素火腿、黑豆、黑豆漿、豆鼓等以及黃豆蛋白製品。
糯米類	麻糬、粽子、油飯、米糕、湯圓、飯糰、紫米、糯米腸、豬血糕、草仔粿、紅龜粿等。
竹筍	包括筍絲、筍干等。

奶製品	調味乳、優酪乳相關產品、起司、冰淇淋、煉乳、高蛋白牛奶製品、乳清蛋白等。
五穀雜糧類	包括小麥、大麥、燕麥、蕎麥、黑麥、小麥胚芽、全麥麵粉製品、糙米、胚芽米等。

容易刺激神經的食物：

食材	鮭魚、黃豆製品、糯米製品、竹筍（包括筍絲、筍干）、巧克力等。
水果類	鳳梨、芒果、龍眼、荔枝、水蜜桃、哈密瓜、香瓜等。
蔬菜類	大白菜、小白菜、大黃瓜、小黃瓜、苦瓜、絲瓜、瓢瓜、冬瓜、芥菜（包括雪裡紅）、白蘿蔔等。
甜食	巧克力等。
含咖啡因類的飲料	咖啡、濃茶、可樂、瓜拿納茶等等。

國家圖書館出版品預行編目(CIP)資料

擇食：吃到自然瘦,邱錦伶明星級的養生法 /
邱錦伶作.
-- 初版. -- 臺北市：推守文化創意, 2012.02
面；　公分. -- (養生齋；1)
ISBN 978-986-6570-74-2(平裝)

1.中醫 2.養生

413.21　　101001227

養生齋　01

擇食：吃到自然瘦，
邱錦伶明星級的養生法

作者　邱錦伶
採訪撰稿　周湘琦
責任編輯　周湘琦、吳巧玲
封面設計　張家銘
版面構成　張家銘
人物攝影　葉大保
插畫　邱品森

出版者　推守文化創意股份有限公司
發行人　周永欽
總經理　韓嵩齡
總編輯　周湘琦
行銷暨印務經理　梁芳春
行銷副理　黃文慧
行銷業務　衛則旭、汪婷婷
行銷企劃　塗幸儀

臉書　http://www.facebook.com/pushing.hanz
部落格　http://phpbook.pixnet.net/blog
發行地址　106台北市大安區敦化南路一段245號9樓
電話　02-27752630
傳真　02-27511148
劃撥帳號　50043336　戶名：推守文化創意股份有限公司
讀者服務信箱　reader@php.emocm.com
總經銷　高寶書版集團
地址　114台北市內湖區洲子街88號3樓
電話　02-27992788
傳真　02-27990909

初版一刷　2012年 2月 22日
初版十刷　2012年 6月 12日
ISBN　978-986-6570-74-2